Penguin Books
Polish Phrase Book
Magdalena Hall and Jillian Norman

Polish Phrase Book

Magdalena Hall and Jillian Norman

Penguin Books Ltd, Harmondsworth,
Middlesex, England
Penguin Books Inc., 7110 Ambassador Road,
Baltimore, Maryland 21207, U.S.A.
Penguin Books Australia Ltd, Ringwood,
Victoria, Australia

First published 1973
Copyright © Magdalena Hall and Jillian Norman, 1973

Made and printed in Great Britain by
Hazell Watson & Viney Ltd, Aylesbury, Bucks
Set in Monotype Plantin

CONTENTS

Contents

INTRODUCTION

In this series of phrase books only those words and phrases that are essential to the traveller have been included. For easy reference the phrases are divided into several sections, each one dealing with a different situation. Some of the Polish phrases are marked with an asterisk – these attempt to give an indication of the kind of reply you may get to your questions, or questions you may be asked, or to indicate street signs and other notices that you should be aware of.

At the end of the book there is an extensive practical vocabulary list and here a pronunciation guide is given for each word. In addition there is an explanation of Polish pronunciation at the beginning of the book and a brief survey of the essential points of grammar. It would be advisable to read these sections before starting to use the book.

The authors are very grateful to Mr J. Pelc, the director of the London office of ORBIS (the Polish tourist organization), for his help with specialized vocabulary.

POLISH PRONUNCIATION

The pronunciation guide is intended for people with no knowledge of Polish. As far as possible the system is based on English pronunciation. This means that complete accuracy may be lost for the sake of simplicity. However, the reader should be able to understand Polish pronunciation and make himself understood if he reads this section carefully. In addition each word in the vocabulary is given with a pronunciation guide based on the symbols given below.

Polish spelling is largely phonetic, i.e. one letter of the alphabet corresponds to one sound. Some sounds, however, are marked by combinations of two letters: cz, dz, dż, dź, sz, rz, ch. Others are indicated by letters of the alphabet with diacritical marks: ą, ć, ę, ń, ó, ś, ż, ź.

The following sounds are pronounced as in English: b, d, f, k, l, m, n, p, s, t, z. The others are given below:

a as **u** in cut	symbol **a**	mapa – map mapa
ą as French *on*, nasal equivalent of **o**	symbol **o**^{n}	mąż – husband mo^{n}zh
c as **ts** in cats	symbol **ts**	cukier – sugar tsookyer
ć, ci very soft **ch**	symbol **ch**	być – to be bich ciocia – aunt chocha
ch as **h** in half	symbol **h**	chleb – bread hleb
cz as **ch** in church	symbol **ch**	czysty – clean chisti
dz as **ds** in woods	symbol **dz**	bardzo – very bardzo

dź as **dg** in budget, but much softer	symbol **dg(e)**	łódź – boat woodge
dzi is pronounced as **dź** before vowels	symbol **dg(e)**	dziadek – grandfather dgadek
dż as **j** in jump	symbol **j**	dżokej – jockey jockey
e as **e** in bed	symbol **e**	teraz – now teraz
ę as French *vin*, nasal equivalent of **e**	symbol **e^n**	ręka – hand re^{n}ka
g as **g** in go	symbol **g**	góra – mountain goora
h as **h** in half	symbol **h**	hotel – hotel hotel
i as **i** in machine, but shorter; never as short as **i** in ship	symbol **ee**	wino – wine veeno
j as **y** in yellow	symbol **y**	jajko – egg yayko
ł as **w** in water	symbol **w**	łosoś – salmon wososh
ń soft **n**, as **ni** in onion	symbol **ny**	koń – horse kon-y
ni is pronounced as **ń** before vowels	symbol **ny**	stocznia – shipyard stochnya
o as **o** in not	symbol **o**	okno – window okno
ó as **oo** in book	symbol **oo**	córka – daughter tsoorka
r is clearly trilled	symbol **r**	rana – wound rana

rz as **s** in pleasure or as **sh** in ship	symbol **zh**	rzeka – river zheka
	and **sh**	przez – across pshez
ś, si very soft **sh**	symbol **sh**	światło – light shvyatwo siano – hay shano
sz as **sh** in ship	symbol **sh**	szafa – cupboard shafa
u as **oo** in book	symbol **oo**	ulica – street ooleetsa
w as **v** in voice	symbol **v**	woda – water voda
y as **i** in rich	symbol **i**	syn – son sin
ż as **s** in pleasure (*see* **rz**)	symbol **zh**	żaba – frog zhaba
ź, zi very soft **s** as in pleasure	symbol **zh**	źródło – source zhroodto zima – winter zheema

Stress

In words of more than one syllable the stress falls on the last syllable but one.

  szafa – wardrobe   śniadanie – breakfast

Monosyllabic words unite with the preceding or following word.

  pod stołem – under the table   jak długo – how long

In the vocabulary stressed syllables are printed in **bold type.**

ESSENTIAL GRAMMAR

VERBS

The Polish verb has only three tenses: present, past and future. The two main aspects of Polish verbs are imperfective (*impf.*) and perfective (*pf.*). The former denotes a continued, incomplete action, the latter a completed action. In the vocabulary both aspects are given for some important verbs.

Polish verbs are divided into four conjugations and the basis of this division is the form of the first and third person singular; these are indicated in the vocabulary. The following are the most usual conjugation patterns:

present tense

	pisać – to write	widzieć – to see	czytać – to read	wiedzieć – to know
ja	pisz**ę**	widz**ę**	czyt**am**	wi**em**
	I write	I see	I read	I know
ty	pisz**esz**	widz**isz**	czyt**asz**	wi**esz**
on/ona	pisz**e**	widz**i**	czyt**a**	wi**e**
my	pisz**emy**	widz**imy**	czyt**amy**	wi**emy**
wy	pisz**ecie**	widz**icie**	czyt**acie**	wi**ecie**
oni/one	pisz**ą**	widz**ą**	czyt**ają**	wied**zą**

Two commonly used verbs, **iść** – to go (on foot) and **jechać** – to go (by any means of transport) fall into the same category as the verb pisać – to write.

iść – to go	jechać – to go
idę – I go	jadę – I go
idziesz	jedziesz
idzie	jedzie
idziemy	jedziemy

idziecie	jedziecie
idą	jadą

As the verb changes its form in the process of conjugation, the personal pronoun is usually left out.

past tense

This is formed by adding to the past participle the past tense endings of the verb **być** – to be, which vary according to number and gender. The endings are as follows:

singular

m	f	n
łem, -łeś, -ł	-łam, -łaś, -ła	-ło

plural

m	f	n
-liśmy, -liście, -li,	-łyśmy, -łyście, -ły	-ły

The past participle is formed by replacing the infinitive ending **-ć** with the suffix **-ł** for masculine gender, **-ła** for feminine, **-ło** for neuter.

> **robić** – to do; robił (*m*), robiła (*f*), robiło (*n*)

The plural is formed by adding the suffix **-li** for masculine personal subjects and **-ły** for all other subjects.

> **pisać** – to write; pisali (*m personal*), pisały (*others*)

The past tense of the verb **pić** – to drink, illustrates the pattern of conjugation for the three genders in the singular and plural.

	m	f	n
I drank, etc.	ja piłem	ja piłam	—
	ty piłeś	ty piłaś	—

on pił	ona piła	ono piło
my piliśmy	my piłyśmy	—
wy piliście	wy piłyście	—
oni pili	one piły	one piły

future tense

The simple future tense is formed by adding the perfective aspect to the present tense of the verb, i.e. czytać, *impf.*, **przeczytać**, *pf.* – to read; ja czytam, *present tense* – I am reading; ja przeczytam, *future tense* – I shall read.

singular   *plural*

I shall read, etc.

ja przeczytam	my przeczytamy
ty przeczytasz	wy przeczytacie
on/ona przeczyta	oni/one przeczytają

REFLEXIVE VERBS

The reflexive verbs consist of the verb followed immediately by the reflexive pronoun **się**. They are conjugated according to the normal patterns with **się** remaining unchanged throughout.

myć się – to wash (oneself): ja myję się – I wash
                              ty myjesz się – you wash
                              on myje się – he washes, etc.

All the reflexive verbs are indicated in the vocabulary.

Polish has only one auxiliary verb **być** – to be. Its conjugation is irregular.

być – to be

present tense

positive

		negative	
I am	ja jestem	I am not	ja nie jestem
you are	ty jesteś	you are not	ty nie jesteś
he is	on jest	he is not	on nie jest
she is	ona jest	she is not	ona nie jest
it is	ono jest	it is not	ono nie jest
we are	my jesteśmy	we are not	my nie jesteśmy
you are	wy jesteście	you are not	wy nie jesteście
they are	oni są *m*	they are not	oni nie są *m*
	one są *f&n*		one nie są *f&n*

past tense

	m	*f*	*n*
I was, have been, etc.	byłem	byłam	—
	byłeś	byłaś	—
	był	była	było
	byliśmy	byłyśmy	—
	byliście	byłyście	—
	byli	były	były

future tense

I shall be, etc.	ja będę
	ty będziesz
	on będzie
	ona będzie
	ono będzie
	my będziemy

> wy będziecie
> oni będą *m*
> one będą *f&n*

NEGATIVES

To form negative sentences **nie** is placed before the verb, even if there are other negative words in the sentence.

ona **nie** wiedziała	she didn't know
ja **nie** mam **nic** do oclenia	I have nothing to declare

INTERROGATIVES

A question, the answer to which may be only yes or no, begins with the interrogative **czy.** The position of the subject and the verb may remain the same as in the affirmative sentence, or they may be reversed. When the inverted order is used, **czy** is frequently omitted, particularly in colloquial Polish.

czy pan ma zapałki? ⎫
ma pan zapałki? ⎬ have you a match?

When the sentence begins with an interrogative pronoun the normal affirmative sentence order is used.

gdzie pani była wczoraj?	where were you yesterday?
co pan zamówił?	what did you order?

YOU

The second person singular and plural (**ty** and **wy**) are only used when addressing relatives, friends and children. The polite form of address is **pan** (sir, Mr) for men and **pani** (madam, Mrs) for women with the third person of the verb. When addressing a group of people, a collective form **państwo** is used with the third person plural of the verb.

czy pan jest zmęczony?	are you tired?
gdzie pani była?	where have you been?
czy państwo maja pokój na jedną noc?	have you a room for the night?

The polite forms are used throughout this book and where necessary the alternative feminine endings of the verbs are given in brackets.

NOUNS[1]

There are three genders in Polish; masculine, feminine and neuter. The gender of a noun is usually indicated by its ending.

Most masculine nouns end in a consonant, e.g. **stół** – table, **talerz** – plate; but there are a few that end in **-a,** e.g. **mężczyzna** – man, **artysta** – artist.

Most feminine nouns end in **-a** or **-i,** e.g. **herbata** – tea, **pani** – lady; but a few end in a consonant, e.g. **noc** – night, **wieś** – village.

Neuter nouns end in **-o** or **-e,** e.g. **lato** – summer, **pole** – field.

Declension of nouns

Masculine nouns ending in a consonant

	singular	
nom.	pan – gentleman, Mr	dom – house
gen.	pana	domu
dat.	panu	dom**owi**
acc.	pana	dom

1. The definite and indefinite articles (the, a) do not exist in Polish, but the sense is usually quite clear from the context.

| *instr.* | pan**em** | dom**em** |
| *loc.* | pan**u** | dom**u** |

	plural	
nom.	pan**owie**	dom**y**
gen.	pan**ów**	dom**ów**
dat.	pan**om**	dom**om**
acc.	pan**ów**	dom**y**
instr.	pan**ami**	dom**ami**
loc.	pan**ach**	dom**ach**

Note that the accusative is the same as the nominative if the noun is inanimate, but as the genitive if the noun is animate.

Most masculine nouns form the plural by adding **-i**, **-e** or **-y**; the ending **-owie** is found with nouns denoting status, profession or family relationship.

Masculine nouns ending in **-a** are declined in the singular as feminine nouns ending in **-a** and in the plural as the masculine nouns ending in a consonant.

Feminine nouns

singular

	-a	-i	*consonant*
	-------------------	-------------------------	---------------
nom.	woda – water	pani – lady, madam	noc – night
gen.	wod**y**	pani	noc**y**
dat.	wo**dzie**	pani	noc**y**
acc.	wod**ę**	pan**ia**	noc
instr.	wod**ą**	pan**ia**	noc**ą**
loc.	wo**dzie**	pani	noc**y**

	plural			*consonant*
	-a		-i	
nom.	wody		pani**e**	noce
gen.	wód		pań	nocy
dat.	wod**om**		pani**om**	noc**om**
acc.	wody		pani**e**	noce
instr.	wod**ami**		pani**ami**	noc**ami**
loc.	wod**ach**		pani**ach**	noc**ach**

Neuter nouns

	singular	*plural*
nom.	lato – summer	lat**a**
gen.	lat**a**	lat
dat.	lat**u**	lat**om**
acc.	lato	lat**a**
instr.	lat**em**	lat**ami**
loc.	leci**e**	lat**ach**

PERSONAL PRONOUNS

	singular				
	ja – I	ty – you	on – he	ona – she	ono – it
nom.					
gen.	mnie	ciebie	jego, niego	jej, niej	niego, go
dat.	mnie, mi	tobie, ci	jemu, mu	jej, niej	jemu, mu
acc.	mnie	ciebie, cię	jego, go	ja, nią	je
instr.	mną	tobą	nim	nią	nim
loc.	mnie	tobie	nim	niej	nim

	plural				
nom.	my – we	wy – you	oni – they *m*	one – they *f*	one – they *n*
gen.	nas	was	ich, nich	ich, nich	ich, nich
dat.	nam	wam	im, nim	im, nim	im, nim
acc.	nas	was	ich, nich	je, nie	je, nie
instr.	nami	wami	nimi	nimi	nimi
loc	nas	was	nich	nich	nich

In both the singular and the plural more than one form occurs in the
genitive, dative and accusative. The forms beginning with **n-** are
used after prepositions, and the remaining forms are used in all other
cases. The short forms, **ci, cię, go, mi, mu** do not have independent
stress.

REFLEXIVE PRONOUNS

gen.	siebie, się
dat.	sobie
acc.	siebie, się
instr.	sobą
loc.	sobie

Reflexive pronouns can be applied to any of the three genders in the
singular or the plural.

e.g. ja widzę siebie w lustrze – I can see myself in the mirror
      ona nalała sobie herbaty – she poured herself some tea
      oni są zawsze z siebie zadowoleni – they are always pleased
      with themselves

ADJECTIVES

Adjectives are placed before nouns and agree in gender, case and number with the noun to which they refer. The singular endings are as follows: **-y** for masculine, **-a** for feminine, **-e** for neuter.

In the plural there are only two forms, masculine personal for men only and general for women, children, animals and things of all three genders.

pełny – full

singular

	m	*f*	*n*
nom.	pełny	pełna	pełne
gen.	pełnego	pełnej	pełnego
dat.	pełnemu	pełnej	pełnemu
acc.	pełnego, pełny	pełną	pełne
instr.	pełnym	pełną	pełnym
loc.	pełnym	pełnej	pełnym

The masculine and neuter declensions are identical except for the nominative and the accusative where the respective gender endings are shown. In the case of masculine nouns there are two alternative endings in the accusative, the first form is used for the animate subject and the second one for the inanimate subject.

plural – masculine personal		*plural – all other*
nom.	pełni	pełne
gen.	pełnych	pełnych
dat.	pełnym	pełnym
acc.	pełnych	pełne

instr.	pełnymi	pełnymi
loc.	pełnych	pełnych

POSSESSIVE PRONOUNS AND ADJECTIVES

Possessive pronouns and adjectives have the same form in Polish. The adjectives agree in gender and number with the thing possessed.

m	*f*	*n*	
mój	moja	moje	my, mine
twój	twoja	twoje	your, yours
jego	jego	jego	his
jej	jej	jej	her, hers
nasz	nasza	nasze	our, ours
wasz	wasza	wasze	your, yours
ich	ich	ich	their, theirs

The possessive adjectives decline as follows:

my, mine

singular

	m	*f*	*n*
nom.	mój	moja	moje
gen.	mojego	mojej	mojego
dat.	mojemu	mojej	mojemu
acc.	mojego, mój	moją	moje
instr.	moim	moją	moim
loc.	moim	mojej	moim

plural – masculine personal   *plural – all other*

nom.	moi	moje
gen.	moich	moich

dat.	moim	moim	
acc.	moich	moje	
instr.	moimi	moimi	
loc.	moich	moich	

In Polish there is a specific personal adjective. It has roughly the same meaning as 'my, your, etc., own' and is used when the thing possessed belongs to the subject of the sentence.

> **e.g.** ona bierze swoją książkę – she is taking her book
> on zostawił swój adres – he left his address
> oni zgubili swoje bilety – they lost their tickets

In Polish possessive adjectives are not used as frequently as in English and are often omitted.

> **e.g.** Czuję ból w ramieniu – I feel pain in my arm (*my* is omitted)

DEMONSTRATIVE PRONOUNS AND ADJECTIVES

singular
ten, ta, to – this
tamten, tamta, tamto – that
taki, taka, takie – such

plural
ci, te – these
tamci, tamte – those
tacy, takie – such

INDEFINITE PRONOUNS AND ADJECTIVES

niektóry, niektóra, niektóre – some
każdy, każda, każde – every
inny, inna, inne – other
wielu, wiele, wiele – many
żaden, żadna, żadne – none

INTERROGATIVE AND RELATIVE PRONOUNS

który, która, które – which
kto? – who?
co – what?

FIRST THINGS

Essentials

Yes	Tak
No	Nie
Please	Proszę
Thank you	Dziękuję

Questions and requests

Where is/are . . .?	Gdzie jest/są . . .?
When?	Kiedy?
How much is/are . . .?	Ile kosztuje/kosztują . . .?
How far?	Jak daleko?
What's this?	Co to jest?
What do you want?	Czego pan (pani) sobie życzy?
What must I do?	Co mam zrobić?
Have you . . . /do you sell . . .?	Czy jest/są . . .?
Is there . . .?	Czy jest . . .?
Have you seen . . .?	Czy pan (pani) widział (-a) . . .?

May I have . . .?	Czy mogę prosić o . . .?
I want/should like . . .	Chciałbym (-abym) . . .
I don't want . . .	Nie chcę . . .

Useful statements

Here is/are . . .	Tutaj jest/są . . .
There isn't any/there aren't any	Nie ma
I like it/them	To mi się podoba/Te mi się podobają
I don't like it	To mi się nie podoba
I know	Wiem
I don't know	Nie wiem
I didn't know	Nie wiedziałem (-am)
I think so	Chyba tak
I'm hungry	Jestem głodny (-a)
I'm thirsty	Chce mi się pić
I'm tired	Jestem zmęczony (-a)
I'm in a hurry	Spieszę się
I'm ready	Jestem gotowy (-a)

Leave me alone	Proszę mnie zostawić w spokoju
Just a moment	* Chwileczkę
This way, please	* Tędy, proszę
Take a seat	* Proszę siadać
Come in!	* Proszę!
It's cheap	To jest tanio
It's too expensive	To jest za drogio
That's all	To wszystko
You're right	Ma pan (pani) rację
You're wrong	Pan (pani) się myli

Language problems

I'm English/American	Jestem Anglikiem (Angielką)/ Amerykaninem (Amerykanką)
Do you speak English?	Czy pan (pani) nówi po angielsku?
I don't speak Polish	Nie mówię po polsku
I don't understand	Nie rozumiem
Would you say that again, please?	Czy mógłby pan (mogłaby pani) to powtórzyć?

Please speak slowly	Proszę mówić powoli
What is it called in Polish?	Jak to się nazywa po polsku?

Polite phrases

Sorry	Przepraszam
Excuse me	Przepraszam
That's all right	Nic nie szkodzi
Not at all	Nie szkodzi
Don't mention it (*after thanks*)	Proszę bardzo
Don't worry	Proszę się nie przejmować
It doesn't matter	Nie szkodzi
I beg your pardon?	Słucham?
Am I disturbing you?	Czy nie przeszkadzam?
I'm sorry to have troubled you	Przepraszam, że przeszkodziłem (-am)
Good/that's fine	Dobrze/doskonale
Thank you for your help	Dziękuję za pomoc
That's very kind of you	Bardzo uprzejmie z pańskiej strony
It's nice/beautiful	Przyjemnie/ślicznie

Greetings and hospitality

Good morning/good day	Dzień dobry
Good afternoon	Dzień dobry
Good evening	Dobry wieczór
Good night	Dobranoc
How are you?	Jak się pan (pani) czuje?
Very well, thank you	Bardzo dobrze, dziękuję
Good-bye	Do widzenia
See you soon	Do zobaczenia
See you tomorrow	Do zobaczenia jutro
Have you met my wife?	Czy państwo się znacie? To jest moja żona
This is my husband	To jest mój mąż
May I introduce you to ...	Czy mogę pana (panią) przedstawić
Glad to know you	Miło mi pana (panią) poznać
What's your name?	Jak się pan (pani) nazywa?
What's your address?	Jaki jest pana (pani) adres?
What's your telephone number?	Jaki jest pana (pani) numer telefonu?

Where are you staying?	* Gdzie się pan zatrzymał (pani zatrzymała?)
Where are you from?	* Skąd pan (pani) jest?
Help yourself	* Proszę się poczęstować
Would you like a drink?	Czy ma pan (pani) ochotę czegoś się napić?
Do you smoke?	Czy pan (pani) pali?
Can I offer you anything?	Czy mogę pana (panią) czymś poczęstować?
Are you doing anything this evening?	Czy jest pan zajęty (pani zajęta) dziś wieczorem?
Could we have coffee/dinner together?	Czy moglibyśmy wyjść razem na kawę/kolację?
Would you like to go to the museum/for a walk/ dancing with me?	Czy chciałby pan (-aby pani) pójść do muzeum/na spacer/ na dancing?
Thanks for a pleasant time	Dziękuję
Thanks for the invitation	Dziękuję za zaproszenie
Bon voyage	Szczęśliwej podróży
Good luck/all the best	Powodzenia/wszystkiego najlepszego

SIGNS AND PUBLIC NOTICES[1]

Bank	Bank
Bilety wysprzedane	House full (cinema etc.)
Damski/dla kobiet/dla pań	Ladies
Do wynajęcia	To let
Informacja	Information
Kasa	Cash desk/cashier
Męski/dla mężczyzn/dla panów	Gentleman
Milicja/MO	Police station
Niebezpieczeństwo	Danger
Nie do picia	Not for drinking
Nie palić/palenie wzbronione	No smoking
Obcym wstęp wzbroniony	Trespassers will be prosecuted
Otwarte	Open
Piesi	Pedestrians
Poczta	Post Office
Pokój do wynajęcia	Room to let
Proszę dzwonić	Ring
Proszę nie dotykać	Please do not touch
Proszę pukać	Knock
Przewodnik	Guide
Tłumacz	Interpreter

1. See also ROAD SIGNS (p. 50) and SIGNS AT STATIONS (p. 40).

Tylko miejsca stojące	Standing room only
Uprasza się nie ...	You are requested not to ...
Uwaga	Caution
WC/△ men/○ women	Lavatory
Wejście	Entrance
Winda	Lift/elevator
Woda do picia	Drinking water
Wolny	Vacant/free/unoccupied
Wstęp bezpłatny/wolny	Admission free
Wstęp wzbroniony	No entrance/no admission
Wyjście	Exit
Wyjście/drzwi zapasowe	Emergency exit
Zajęty	Engaged/occupied
Zamknięte/nieczynne	Closed
Zarezerwowane	Reserved

Abbreviations

CEPELIA – folk art and souvenir shops
DESA – souvenirs and antiques
ORNO – silver jewellery

CPN – petrol station
PKP – Polish Railways
PKS – coach service
MO – police
IT – tourist information
PTTK – Polish Tourist Association (hostels, hire of equipment, etc.)

MONEY

Is there an exchange bureau near here?	Czy jest w pobliżu biuro wymiany walut?
Do you change travellers' cheques?	Czy można tu wymienić czeki podróżnicze?
Where can I change travellers' cheques?	Gdzie mogę wymienić czeki podróżnicze?
I want to change some pounds/dollars	Chcę wymienić kilka funtów/dolarów
How much do I get for a pound/dollar?	Ile dostanę za funta/za dolara?
Can you give me some small change?	Czy mogę prosić o drobne?
Sign here, please	* Proszę tutaj podpisać
Go to the cashier	* Proszę iść do kasy

Currency Table

100 groszys = 1 zloty

The official rate of exchange is £1 = 9.6 zlotys; $1 = 3.7 zlotys. Tourists with convertible currency get a higher rate: £1 = 57.60 zlotys; $1 = 22.9 zlotys. This rate is given in more detail below. There is also a special tourist rate: £1 = 104 zlotys; $1 = 40 zlotys.

This rate is available to those spending more than a specified amount and the additional sum may be given in the form of premium coupons that can be used in hotels, restaurants and petrol stations, not in cash.

1 zloty = $1\frac{1}{2}$ p	1 zloty = 4 cents
5 zlotys = $8\frac{1}{2}$ p	5 zlotys = 22 cents
10 zlotys = 17 p	10 zlotys = 43.5 cents
50 zlotys = 86 p	50 zlotys = $2.18
100 zlotys = £1.73	100 zlotys = $4.36
£1 = 57.60 zlotys	$1 = 22.9 zlotys

These rates are approximate only and subject to variation.

TRAVEL

On arrival

Customs	* Kontrola celna
Passport control	* Kontrola paszportowa
Your passport/visa,[1] please	* Paszport/wizę proszę
May I see your green card please?	* Czy mogę prosić o pokazanie międzynarodowego ubezpieczenia?
Are you together?	* Czy państwo są razem?
I'm travelling alone	Ja podróżuję sam
I'm travelling with my wife/a friend	Ja jestem z żoną/przyjacielem
I'm here on business/on holiday	Jestem tutaj służbowo/na wakacjach
What is your address in Warsaw?	* Jaki jest pana (pani) adres w Warszawie?
How long are you staying here?	* Jak długo się pan (pani) tutaj zatrzyma?
How much money have you got?	* Ile ma pan (pani) pieniędzy?
I have . . . pounds/dollars	Mam . . . funtów/dolarów
Which is your luggage?	* Gdzie jest pana (pani) bagaż?
Have you anything to declare?	* Czy ma pan (pani) coś do oclenia?

1. A Polish visa must be obtained in advance from a Polish consulate.

You must fill in a customs form	Musi pan (pani) wypełnić deklarację celną
This is my luggage	To jest mój bagaż
I have only my personal things in it	Tu są tylko moje rzeczy osobiste
Open this bag, please	* Proszę otworzyć tę walizkę
Can I shut my case now?	Czy mogę już zamknąć walizkę?
May I go?	Czy mogę odejść?
Where is the information bureau, please?	Gdzie jest informacja?
Porter, here is my luggage	Bagażowy, to są moje bagaże
What's the price for each piece of luggage?	Jaka jest cena od sztuki?
I shall take this myself	Ja sam (-a) to poniosę
That's not mine	To nie moje
Would you call a taxi?	Proszę mi sprowadzić taksówkę
How much do I owe you?	Ile jestem panu winien?

Buying a ticket

Where's the nearest travel agency?	Gdzie jest najbliższe biuro podróży?

Have you a timetable, please?	Czy ma pan (pani) rozkład jazdy?
What's the tourist return fare to . . .?	Ile kosztuje powrotny turystyczny do . . .?
How much is it first class to . . .?	Ile kosztuje pierwsza klasa do . . .?
A second class single to . . .	Druga klasa w jedną stronę do . . .
Three singles to . . .	Trzy w jedną stronę do . . .
How long is this ticket valid?	Jak długo ten bilet jest ważny?
A book of tickets, please	Poproszę bloczek biletowy
Is there a supplementary charge?	Czy jest dodatkowa opłata?

Signs to look for at stations, termini, etc.

Arrivals	Przyjazd
Booking Office	Kasa biletowa
Buses	Autobusy
Departures	Odjazd
Enquiries	Informacja
Exchange	Wymiana walut
Gentlemen	Męski/dla mężczyzn/dla panów

Ladies' Room	Damski/dla kobiet/dla pań
Left Luggage	Przechowalnia bagażu
Lost Property	Biuro rzeczy znalezionych
Non-Smoker	Dla niepalących
Refreshments	Bufet
Reservations	Rezerwacje
Smoker	Dla palących
Suburban Lines	Linie podmiejskie
Taxis	Taksówki
Tickets	Bilety
Waiting Room	Poczekalnia

By train[1]

RESERVATIONS AND INQUIRIES

Where's the railway station?	Gdzie jest stacja kolejowa?
Two seats on the 11.15 tomorrow to ...	Dwa bilety na jutro na pociąg 11.15 do ...
I want to reserve a sleeper	Chciałbym (-abym) zarezerwować miejsce sypialne

1. For help in understanding the answers to these and similar questions see
TIME (p. 120), NUMBERS (p. 124), DIRECTIONS (p. 48).

How much does a couchette cost?	Ile kosztuje kuszetka?
I want to register this luggage through to . . .	Chciałbym (-abym) nadać ten bagaż do . . .
Is it an express or a local train?	Czy to jest pociąg ekspresowy czy miejscowy?
Is there an earlier/later train?	Czy jest późniejszy/ wcześniejszy pociąg?
Is there a restaurant car on the train?	Czy w tym jest pociągu wagon restauracyjny?

CHANGING

Is there a through train to . . .?	Czy jest bezpośredni pociąg do . . .?
Is there a through carriage to . . .?	Czy jest bezpośredni wagon do . . .?
Do I have to change?	Czy muszę się przesiadać?
Where do I change?	Gdzie się mam przesiadać?
What time is there a connection to . . .?	Kiedy jest połączenie do . . .?

DEPARTURE

When does the train leave?	Kiedy ten pociąg odjeżdża?
Which platform does the train to . . . leave from?	Z którego peronu odjeżdża pociąg do . . .?
Is this the train for . . .?	Czy to jest pociąg do . . .?

ARRIVAL

When does it get to ...?	O której przyjeżdżamy do ...?
Does the train stop at ...?	Czy ten pociąg zatrzymuje się w ...?
How long do we stop here?	Jak długo się tu zatrzymujemy?
Is the train late?	Czy pociąg jest spóźniony?
When does the train from ... get in?	Kiedy przyjeżdża pociąg z ...?
At which platform?	Z którego peronu?

ON THE TRAIN

We have reserved seats	Mamy miejsca zarezerwowane
Is this seat free?	Czy to miejsce jest wolne?
This seat is taken	To miejsce jest zajęte

By air

Where's the LOT office?	Gdzie jest biuro LOT-u?
I'd like to book two seats on Monday's plane to ...	Chciałbym (-abym) zamówić dwa miejsca na poniedziałek, na samolot do ...
Is there a flight to ... next Thursday?	Czy jest w przyszły czwartek lot do ...?

When does it leave/arrive?	Kiedy odlatuje/przylatuje?
When does the next plane leave?	Kiedy odlatuje następny samolot?
Is there a coach to the airport?	Czy jest autobus na lotnisko?
When must I check in?	Kiedy mam się zgłosić na lotnisku?
Please cancel my reservation to . . .	Proszę unieważnić moją rezerwację do . . .
I'd like to change my reservation to . . .	Chciałbym (-abym) zmienić rezerwację do . . .

By ship

Is there a boat from here to . . .?	Czy jest stąd statek do . . .?
How long does it take to get to . . .?	Jak długo trwa podróż do . . .?
How often do the boats leave?	Jak często odpływają statki?
Where does the boat put in?	Gdzie statek przybija do brzegu?
Does it call at . . .?	Czy statek zatrzymuje się w . . .?
When does the next boat leave?	Kiedy odpływa następny statek?
Can I book a single berth cabin?	Czy mogę zamówić kabinę jednoosobową?

How many berths are there in this cabin?	Ile łóżek jest w tej kabinie?
When must we go on board?	Kiedy mamy się zgłosić na statku?
When do we dock?	Kiedy przypływamy do portu?
How long do we stay in port?	Jak długo zatrzymamy się w porcie?

By bus or coach

Where's the bus station?	Gdzie jest stacja autobusowa?
Where's the coach station?	Gdzie jest stacja autokarowa?
Bus stop	* Przystanek autobusowy
Request stop	* Przystanek na żądanie
When does the coach leave?	Kiedy odjeżdża autokar?
What time do we get to . . .?	O której godzinie przyjeżdżamy do . . .?
What stops does it make?	Gdzie się zatrzymujemy po drodze?
Is it a long journey?	Czy to jest długa podróż?
We want to take a sight-seeing tour round the city	Chcielibyśmy się wybrać na zwiedzanie miasta

Is there an excursion to . . . tomorrow?	Czy jest jutro wycieczka do . . . ?
What time is the next bus?	O której godzinie jest następny autobus?
How often does the 25 run?	Jak często chodzi dwadzieścia pięć?
Has the last bus gone?	Czy odjechał ostatni autobus?
Does this bus go to the centre?	Czy ten autobus jedzie do centrum?
Does this bus go to the beach?	Czy ten autobus jedzie na plażę?
Does this bus go to the station?	Czy ten autobus jedzie na stację?
Does it go near . . . ?	Czy on jedzie w pobliże . . . ?
Where can I get a bus to . . . ?	Gdzie jest autobus do . . . ?
I want to go to . . .	Chcę jechać do . . .
Where do I get off?	Gdzie mam wysiąść?
The bus to . . . stops over there	* Autobus do . . . zatrzymuje się tam
A number 30 goes to . . .	* Numer trzydzieści jedzie do . . .
You must take a number 24	* Musi pan (pani) wsiąść w numer dwadzieścia cztery
You get off at the next stop	* Będzie pan (pani) wysiadać na następnym przystanku
The buses run every ten minutes/every hour	* Autobusy jeżdżą co dziesięć minut/co godzinę

By taxi

Are you free?	Czy pan jest wolny?
Please take me to Hotel Central/ the station/this address	Proszę mnie zawieźć do Hotelu Central/na stację/pod ten adres
Can you hurry, I'm late?	Czy może się pan pośpieszyć? Jestem spóźniony (-a)
I want to go through the centre	Chciałbym (-abym) pojechać przez centrum
Please wait a minute	Proszę chwilę zaczekać
Stop here	Proszę się tutaj zatrzymać
Is it far?	Czy to jest daleko?
How much do you charge by the hour/for the day?	Ile pan liczy za godzinę/za dzień?
I'd like to go to . . . How much would you charge?	Chciałbym (-abym) pojechać do . . . Ile to będzie kosztować?
How much is it?	Ile to kosztuje?
That's too much	To za drogo
I am not prepared to spend that much	Nie jestem przygotowany (-a) na taki wydatek
It's a lot, but all right	To bardzo drogo, ale zgadzam się

DIRECTIONS

Where is . . .?	Gdzie jest . . .?
Is this the way to . . .?	Czy tędy do . . .?
Which is the road for . . .?	Która droga prowadzi do . . .?
How far is it to . . .?	Jak daleko jest do . . .?
How many kilometres?	Ile kilometrów?
We want to get on to the motorway to . . .	Chcemy się dostać na autostradę do . . .
Which is the best road to . . .?	Jaka jest najlepsza droga do . . .?
Is it a good road?	Czy to jest dobra droga?
Is it a motorway?	Czy to jest autostrada?
Will we get to . . . by evening?	Czy dojedziemy na wieczór do . . .?
Where are we now?	Gdzie jesteśmy teraz?
Please show me on the map	Proszę mi pokazać na mapie
It's that way	* To w tę strone
It isn't far	* To jest niedaleko
Follow this road for 5 kilometres	* Pojedzie pan (pani) tą drogą przez pięć kilometrów
Keep straight on	* Cały czas prosto
Turn right at the crossroads	* Proszę skręcić w prawo na skrzyżowaniu
Take the second road on the left	* Proszę skręcić w drugą przecznicę po lewej stronie

Turn right at the traffic-lights	* Proszę skręcić w prawo przy światłach drogowych
Turn left after the bridge	* Proszę skręcić w lewo za mostem
The best road is the ...	* Najlepsza droga jest ...
Take this road as far as ... and ask again	* Proszę jechać tą drogą aż do ... i potem znowu kogoś zapytać

MOTORING

Where can I hire a car?	Gdzie można wynająć samochód?
I want to hire a car and a driver/a self drive car	Chciałbym (-abym) wynająć samochód z kierowcą/bez kierowcy
How much is it by the hour/ day/week?	Ile to kosztuje za godzinę/ dziennie/tygodniowo?
Have you a road map, please?	Czy mogę prosić o mapę drogową?
Where is a car park?	Gdzie jest parking?
Can I park here?	Czy mogę tutaj zaparkować?
How long can I park here?	Jak długo mogę tutaj zaparkować?
May I see your licence, please?	* Proszę pokazać prawo jazdy

Road signs

Droga zamknięta	Road closed
Jeden kierunek ruchu	One way street
Niebezpieczeństwo	Danger
Objazd	Diversion
Ostrożnie	Dead end

Parking	Parking allowed/car park
Parkowanie wzbronione	No parking
Wjazd zamknięty	No entry
Zakaz wyprzedzania	Overtaking prohibited

At the garage[1]

Where is the nearest petrol station?	Gdzie jest najbliższa stacja benzynowa?
How far is the next petrol station?	Jak daleko jest do następnej stacji benzynowej?
30 litres of petrol, and please check the oil and water	Poproszę o trzydzieści litrów benzyny i proszę sprawdzić olej i wodę
Fill her up	Proszę nalać do pełna
How much is petrol a litre?	Ile kosztuje litr benzyny?
The oil needs changing	Trzeba zmienić olej
Check the tyre pressure, please[2]	Proszę sprawdzić ciśnienie w oponach

1. Petrol coupons, giving about 30 per cent reduction on prices, can be purchased from O R B I S (the Polish tourist office) in Poland and abroad.

2. See p. 60.

The tyre is flat/punctured	Ta opona jest przebita/ przedziurawiona
The valve is leaking	Wentyl jest nieszczelny
The radiator is leaking	Chłodnica przecieka
Please wash the car	Proszę mi umyć wóz
Can I garage the car here?	Czy mogę tu zostawić wóz?
What time does the garage close?	O której godzinie zamyka się garaż?

Repairs

Where is there an Austin agency?	Gdzie jest filia firmy Austin?
Have you a breakdown service?	Czy mają państwo pogotowie awaryjne?
Is there a mechanic?	Czy jest tu mechanik?
My car's broken down, can you send someone to tow it?	Mój wóz się zepsuł, czy może mnie pan wziąć na hol?
I want the car serviced	Proszę skontrolować mój wóz i przeprowadzić konieczne naprawy
The battery is flat, it needs charging	Akumulator się wyładował, proszę go naładować

I've lost my car key	Zgubiłem (-am) klucz do mojego wozu
The lock is broken/jammed	Zamek się zepsuł/zaciął
My car won't start	Silnik nie pali
It's not running properly	Nie działa prawidłowo
The engine is overheating	Motor się przegrzewa
The engine is firing badly	Motor nie pali prawidłowo
The engine knocks	Silnik stuka
Can you change this plug?	Czy może pan zmienić tę wtyczkę?
There's a petrol/oil leak	Benzyna/olej przecieka
There's a smell of petrol/rubber	Ulatnia się zapach benzyny/gumy
The radiator is blocked/leaking	Chłodnica jest zatkana/przecieka
Something is wrong with my car/the engine/ the lights/ the clutch/the gearbox/the steering	Coś jest niewporządku z moim wozem/z motorem/ze światłami ze sprzęgłem/ze skrzynką biegów/z hamulcami/z kierownicą
There's a squeak/whine/rumble/rattle	Coś skrzypi/świszczy/turkocze/klekocze
It's a high/low noise	To jest głośny/stłumiony dźwięk
It's intermittent/continuous	On jest przerywany/ciągły

The carburettor needs adjusting	Trzeba wyregulować karburator/gaźnik
Can you repair it?	Czy może pan to naprawić?
How long will it take to repair?	Ile czasu zajmie naprawa?
What will it cost?	Ile to będzie kosztować?
When can I pick the car up?	Kiedy mogę odebrać wóz?
I need it as soon as possible	Potrzebuję go jak najszybciej
I need it in three hours/ tomorrow morning	Potrzebuję go za trzy godziny/ jutro rano
It will take two days	* To zajmie dwa dni
We can repair it temporarily	* Możemy to naprawić prowizorycznie
We haven't the right spares	* Nie mamy odpowiednich części zapasowych
We have to send for the spares	* Musimy zamówić części zapasowe
You will need a new ...	* Potrzebny jest nowy ...

Parts of a car – vocabulary

---

accelerate (to)	przyśpieszać
accelerator	przyśpiesznik

alignment	regulacja
alternator	prądnica
anti-freeze	anti-freeze/glikol
automatic transmission	automatyczna skrzynka biegów
axle	oś
axleshaft	wał osiowy
battery	akumulator
beam	snop światła
full beam	pełne światła
bonnet/hood	maska
boot/trunk	bagażnik
brake	hamulec
disc brakes	hamulce tarczowe
drum brakes	hamulce szczękowe
footbrake	hamulec nożny
handbrake	hamulec ręczny
brake fluid	płyn hamulcowy
brake lights	światła stopu
breakdown	awaria
bumper	zderzak
carburettor	gaźnik, karburator
car wash	mycie samochodów
choke	ssanie

clutch	sprzęgło
clutch plate	tarcza sprzęgłowa
coil	cewka
condenser	kondensator
crankshaft	korba
cylinder	cylinder
differential gear	dyferencjał
dip stick	prętowy wskaźnik poziomy
distilled water	woda destylowana
distributor	rozdzielacz, rozrząd
door	drzwi
doorhandle	klamka
drive (to)	prowadzić samochód
driver	kierowca
dynamo	dynamo
electrical trouble	kłopot z częściami elektrycznymi
engine	silnik
exhaust	wydech
fan	dmuchawa
fanbelt	pasek dmuchawy
foglamp	światła przeciwmgielne
fusebox	bezpiecznik

gasket	uszczelka
gear	bieg
gear box	skrzynka biegów
gear lever	dźwignia biegów
grease (to)	smarować
headlights	reflektor główny
heater	grzejnik
horn	klakson
hose	wąż do polewania
ignition	zapłon
ignition coil	cewka zapłonu
ignition key	klucz do stacyjki
indicator	wskaźnik
inner tube	dętka
jack	lewarek
lights	światła
lock/catch	zamek
mechanical trouble	awaria mechaniczna
mirror	lusterko
number plate	tablica rejestracyjna
nut	nakrętka
oil	olej

oil pressure	ciśnienie oleju
oil pump	pompa olejowa
overdrive	nadbieg
parking lights	światła postojowe
petrol	benzyna
petrol can	kanister na benzynę
petrol pump	pompa benzynowa
petrol tank	zbiornik na benzynę
piston	tłok
piston ring	obręcz do tłoku
propeller shaft	wał napędowy
puncture	przebicie opony
radiator	chłodnica
rear axle	tylna oś
rear lights	tylne światła
reverse (to)	dać wsteczny bieg
reverse	wsteczny
roof-rack	bagażnik na dachu
seat	siedzenie
shock absorber	amortyzator
sidelights	światła boczne/kierunkowe
silencer	tłumik

spanner	klucz
spares	części zapasowe
spare wheel	koło zapasowe
(sparking) plug	świeca
speed	szybkość
speedometer	szybkościomierz
spring	sprężyna
stall (to)	zablokować silnik
starter	starter
steering	kierowanie
steering wheel	kierownica
sunroof	dach otwierany
switch	przełącznik
tank	zbiornik
tappets	popychacz
transmission	przekładnia, transmisja
tyre	opona
tyre pressure	ciśnienie w oponie
valve	wentyl
water pump	pompa wodna
wheel	koło
window	okno

windscreen	szyba przednia
windscreen washers	natryskiwacz szyby przedniej
windscreen wipers	wycieraczki
wing	skrzydło

Tyre pressure

lb. per sq. in.	*kg. per sq. cm.*	*lb. per sq. in.*	*kg. per sq. cm.*
16	1·1	36	2·5
18	1·3	39	2·7
20	1·4	40	2·8
22	1·5	43	3·0
25	1·7	45	3·2
29	2·0	46	3·2
32	2·3	50	3·5
35	2·5	60	4·2

A rough way to convert lb. per sq. in. to kg. per sq. cm.: multiply by 7 and divide by 100.

ACCOMMODATION[1]

Booking a room

Rooms to let/vacancies	* Pokoje do wynajęcia
Have you a room for the night?	Czy mają państwo pokój na jedną noc?
I've reserved a room; my name is ...	Zarezerwowałem (-am) pokój; moje nazwisko ...
Can you suggest another hotel?	Czy mogą mi państwo polecić inny hotel?
I want a single room with a shower	Chciałbym (–abym) pokój jednoosobowy z prysznicem
We want a room with a double bed and a bathroom	Chcielibyśmy pokój z podwójnym łóżkiem i z łazienką
Have you a room with twin beds?	Czy mają państwo wolny pokój z dwoma łóżkami?
I want a room for two or three days/a week/until Friday	Potrzebuję pokoju na dwa lub trzy dni/na tydzień/do piątku
What floor is the room on?	Na którym piętrze jest ten pokój?
Is there a lift/elevator?	Czy jest winda?
Have you a room on the first floor?	Czy mają państwo wolny pokój na pierwszym piętrze?

1. See also LAUNDRY AND CLEANING (p. 97) and RESTAURANT (p. 68).

May I see the room?	Czy można obejrzeć ten pokój?
I like this room, I'll take it	Ten pokój mi się podoba, wezmę go
I don't like this room	Nie podoba mi się ten pokój
Have you another one?	Czy mają państwo jakiś inny wolny pokój?
I want a quiet room	Chciałbym (-abym) cichy pokój
There's too much noise	Za dużo tu hałasu
I'd like a room with a balcony	Chciałbym (-abym) pokój z balkonem
Have you a room looking on to the street/sea?	Czy mają państwo pokój z widokiem na ulicę/na morze?
We've only a double room	* Mamy tylko pokój dwuosobowy
This is the only room vacant	* To jest jedyny wolny pokój
We shall have another room tomorrow	* Jutro zwolni się drugi pokój
The room is only available tonight	* Ten pokój jest tylko wolny na tę noc
How much is the room per night?	Ile ten pokój kosztuje za noc?
Have you nothing cheaper?	Czy nie mają państwo nic tańszego?
How much is the room without meals?	Ile kosztuje sam pokój bez posiłków?
How much is full board/half board?	Ile kosztuje całkowite/częściowe utrzymanie?

Is breakfast included in the price?	Czy śniadanie jest wliczone w cenę pokoju?

In your room

Could we have breakfast in our room, please?	Czy możemy dostać śniadanie w naszym pokoju?
Please wake me at 8.30	Proszę mnie obudzić o ósmej trzydzieści
There's no ashtray in my room	W moim pokoju nie ma popielniczki
Can I have more hangers, please?	Czy mogę prosić o więcej wieszaków?
Is there a point for an electric razor?	Czy jest kontakt do maszynki elektrycznej do golenia?
What's the voltage?	Jakie jest tutaj napięcie?
Where is the bathroom/the lavatory?	Gdzie jest łazienka/ubikacja?
Is there a shower?	Czy jest tutaj prysznic?
There are no towels in my room	W moim pokoju nie ma ręczników
Our towels haven't been changed	Nasze ręczniki nie były zmienione

There's no soap	Nie ma mydła
There's no water	Nie ma wody
There's no plug in my washbasin	Nie ma korka w umywalce
There's no toilet paper in the lavatory	W ubikacji nie ma papieru toaletowego
The lavatory won't flush	Woda nie spuszcza się w ubikacji
May I have the key to the bathroom, please?	Czy można prosić o klucz do łazienki?
May I have another blanket/ another pillow?	Czy można prosić o jeszcze jeden koc/jeszcze jedną poduszkę?
These sheets are dirty	Ta pościel jest brudna
I can't open my window, please open it	Nie moge otworzyć okna, proszę mi pomóc
It's too hot/cold	Jest za gorąco/za zimno
Can the heating be turned up/turned down/turned off?	Czy można podkręcić/ skręcić/wyłączyć ogrzewanie?
Could we have a bottle of mineral water in our room, please?	Czy może nam pani przynieść butelkę wody mineralnej?
Could you bring us another glass, please?	Czy można prosić o jeszcze jedną szklankę?

Come in!	Proszę!
Put it on the table, please	Proszę to położyć na stole
Would you clean these shoes, please?	Czy może pani wyczyścić te buty?
Would you clean this dress, please?	Czy może pani wyczyścić tę sukienkę?
Would you press this suit, please?	Czy może pani wyprasować ten garnitur?
When will it be ready?	Kiedy to będzie gotowe?
It will be ready tomorrow	* Będzie gotowe jutro

At the porter's desk

My key, please	Poproszę mój klucz
Are there any letters for me?	Czy są do mnie jakieś listy?
Are there any messages for me?	Czy zostawiono dla mnie jakąś wiadomość?
If anyone phones, tell them I'll be back at 4.30	Jeżeli będzie do mnie telefon, proszę powiedzieć, że wracam o czwartej trzydzieści
No one telephoned	* Nikt nie dzwonił
There's a lady/gentleman to see you	* Jakaś pani/jakiś pan do pana/pani

P.P.B. – 3

Please ask her/him to come up	Proszę ją/jego poprosić do mnie na górę
I'm coming down	Schodzę na dół
Have you any writing paper/ envelopes/stamps?	Czy mają państwo papier listowy/koperty/znaczki?
Please send the chambermaid/ the waiter	Proszę przysłać do mnie pokojową/kelnera
I need a guide/an interpreter	Potrzebuję przewodnika/ tłumacza
Where is the dining room?	Gdzie jest jadalnia?
What time is breakfast/lunch/ dinner?	O której godzinie jest śniadanie/obiad/kolacja?
Is there a garage?	Czy jest tutaj garaż?
Is the hotel open all night?	Czy hotel jest otwarty całą noc?
What time does it close?	O której godzinie zamyka się hotel?

Departure

I have to leave tomorrow	Muszę wyjechać jutro
Can you have my bill ready?	Czy może pan/pani przygotować mój rachunek?

I shall be coming back on . . .; can I book a room for that date?	Wracam . . .; czy mogę zarezerwować pokój na ten dzień?
Could you have my luggage brought down?	Czy mogę prosić o zniesienie bagażu?
Please call a taxi for me	Proszę mi sprowadzić taksówkę
Thank you for a pleasant stay	Dziękuję za przyjemny pobyt

RESTAURANT

Going to a restaurant

Can you suggest a good restaurant/a cheap restaurant/a vegetarian restaurant?	Czy może mi pan (pani) polecić dobrą restaurację/tanią restaurację/restaurację jarską?
I'd like to book a table for four at 1 o'clock	Chciałbym (-abym) zamówić stolik na cztery osoby na godzinę pierwszą
I've reserved a table; my name is ...	Zamówiłem (-am) stolik; moje nazwisko ...
Have you a table for three?	Czy mają państwo stolik na trzy osoby?
Is there a table free on the terrace?	Czy jest wolny stolik na tarasie/w ogródku?
This way, please	* Tędy proszę
We shall have a table free in half an hour	* Będziemy mieć wolny stolik za pół godziny
We don't serve lunch until 12.30	* Zaczynamy podawać obiad o dwunastej trzydzieści
We don't serve dinner until 8 o'clock	* Zaczynamy podawać kolację o ósmej wieczór
We stop serving at 11	* Kończymy podawać o jedenastej
Where is the cloakroom?	Gdzie jest szatnia?

It is downstairs	* Na dole
We are in a hurry	Spieszymy się
Do you serve snacks?	Czy podają państwo przekąski/lekkie posiłki?
That was an excellent meal	Jedzenie było doskonałe
We shall come again	Przyjdziemy tu jeszcze

Ordering

Waiter/waitress	Kelner/kelnerka[1]
May I see the menu/the wine list, please?	Czy można prosić o jadłospis/kartę win?
Is there a set menu for lunch?	Czy mają państwo obiady firmowe?
What do you recommend?	Co państwo polecają?
Can you tell me what this is?	Czy może mi pan (pani) wyjaśnić co to jest?
What are the specialities of the restaurant/of the region?	Jakie są specjalności tej restauracji/miejscowe?
Would you like to try . . .?	* Czy chciałby pan (-aby pani) spróbować . . .?

1. When addressing a waiter/waitress say: 'proszę pana/proszę pani'.

There's no more ...	* Nie ma ...
I'd like ...	Chciałbym (-abym) ...
May I have peas instead of beans?	Czy mogę prosić o groszek zamiast fasolki?
Is it hot or cold?	Czy to jest na zimno czy na gorąco?
This isn't what I ordered, I want ...	Ja tego nie zamawiałem (-am), prosiłem (-am) o ...
I don't want any oil/sauce with it	Proszę mi to podać bez oliwy/ bez sosu
Some more bread, please	Proszę jeszcze trochę chleba
A little more, please	Proszę jeszcze trochę
This is bad/uncooked/stale	To jest nieświeże/ niedogotowane/czerstwe

Drinks

What will you have to drink?	* Co państwo zamówią do picia?
A bottle of Yugoslav/ Hungarian wine, please	Poproszę butelkę wina jugosławiańskiego/węgierskiego
Do you serve wine by the glass?	Czy można zamówić wino na lampki?

Two glasses of beer, please	Poproszę dwie szklanki piwa
Do you have draught beer?	Czy jest piwo z beczki?
Two more beers	Poproszę jeszcze dwa piwa
I'd like another glass of water, please	Poproszę jeszcze jedną szklankę wody
The same again, please	Proszę jeszcze raz to samo
Three black coffees and one with cream	Trzy czarne kawy i jedną ze śmietanką
I want to see the head waiter	Chciałbym (-abym) rozmawiać z kierownikiem sali
May we have an ashtray?	Czy można prosić o popielniczkę?
May I have a light, please?	Czy można prosić o ogień?

Paying

The bill, please	Poproszę rachunek
Please check the bill – I don't think it's correct	Proszę sprawdzić ten rachunek – wydaje mi się że jest jakaś pomyłka
I didn't have soup	Ja nie zamawiałem (-am) zupy

I had chicken, not steak	Zamawiałem (-am) kurczaka, a nie stek
May we have separate bills?	Czy można prosić o oddzielne rachunki?

Breakfast

Breakfast	Śniadanie
What time is breakfast served?	O której jest śniadanie?
A large white coffee, please	Poproszę dużą białą kawę
A black coffee	Czarną kawę
A cup of tea, please	Poproszę herbatę
I'd like tea with milk/lemon	Poproszę herbatę z mlekiem/z cytryną
May we have some sugar, please?	Czy można prosić o cukier?
A roll and butter	Bułkę i masło
Toast	Grzankę
We'd like more butter, please	Poproszę jeszcze trochę masła
Have you some jam/marmalade?	Czy jest dżem/marmelada?
I would like a hard-boiled egg/soft-boiled egg	Poproszę jajko na twardo/jajko na miękko
What fruit juices have you?	Jakie soki owocowe można dostać?

Restaurant vocabulary

ashtray	popielniczka
bar	bar
beer	piwo
bill	rachunek
bottle/½ bottle	butelka/pół butelki
bowl	miska
bread	chleb
butter	masło
carafe	karafka
cigarettes	papierosy
cloakroom	szatnia/garderoba
coffee	kawa
course/dish	danie
cream	śmietanka
cup	filiżanka
fork	widelec
glass	szklanka
hungry (to be)	głodny (-a)
knife	nóż

lemon	cytryna
matches	zapałki
mayonnaise	majonez
menu	karta
milk	mleko
mustard	musztarda
napkin	serwetka
oil	oliwa
pepper	pieprz
plate	talerz
restaurant	restauracja
salt	sól
sandwich	kanapka
sauce	sos
saucer	spodek
service	obsługa
snack	przekąska
spoon	łyżka
sugar	cukier
table	stół
tablecloth	obrus
tea	herbata

terrace	taras
thirsty (to be)	spragniony (-a)
tip	napiwek
toothpick	wykałaczka
vegetarian	jarski
vinegar	ocet
waiter	kelner
waitress	kelnerka
water	woda
wine	wino
wine list	karta win

MENU

ZUPY	SOUPS
Barszcz czerwony	clear beetroot soup
Chłodnik	borscht (served chilled)
Cytrynowa	lemon soup
Grochowa	pea soup
Grzybowa	dried mushroom soup
Jarzynowa	vegetable soup
Kalafiorowa	cauliflower soup
Kapuśniak	cabbage soup
Koperkowa	dill soup
Ogórkowa	cucumber soup
Owocowa	fruit soup (usually served cold)
Pomidorowa	tomato soup
Rosół	clear soup
Szczawiowa	sorrel soup
Szparagowa	asparagus soup
Ziemniaczana	potato soup
Żurek	white, slightly sour soup

PRZEKĄSKI	HORS D'OEUVRES
Jajka mollet z szynka	hard-boiled eggs with ham
Jajka w sosie musztardowym/ chrzanowym	hard-boiled eggs in mustard/ horseradish sauce

Ryba w galarecie	fish in aspic
Śledź w oliwie/w śmietanie	herring in olive oil/cream
Rolmops	marinated herring with onion and gherkin
Sałatka jarzynowa/śledziowa/ mięsna	vegetable/herring/meat salad with mayonnaise

RYBY	FISH
Dorsz	cod
Flądra	plaice
Karp	carp
Kawior	caviare
Leszcz	bream
Lin	tench
Łosoś	salmon
Pstrąg	trout
Rak	lobster
Sandacz	perch
Sardynki	sardines
Szprotki	sprats
Szczupak	pike
Śledź	herring
Ryba faszerowana	stuffed fish

Ryba smażona	fried fish
Ryba z wody	poached fish

MIESO	MEAT
Wieprzowina	pork
Bigos	stewed pork, sausage and cabbage
Golonka	hand of pork
Cynaderki	kidneys
Kotlet schabowy	pork chop
Pieczeń	roast pork
Kiełbasa	pork sausage
Żeberka	spare ribs
Wołowina	beef
Brizol	steak
Rumsztyk	rump steak
Bœuf strogonov	bœuf strogonoff
Zrazy zawijane	beef rolls with filling
Cielęcina	veal
Pieczeń	roast veal
Sznycel po wiedeńsku	Wiener schnitzel
Wątróbka	liver

POULTRY AND GAME

Kurczę	chicken
Kotlet de volaille	chicken supreme
Nóżka	leg
Skrzydło	wing
Pierś	breast
Kaczka	duck
Gęś	goose
Indyk	turkey
Kuropatwa	partridge
Przepiórka	quail
Bażant	pheasant
Zając	hare
Dziczyzna	venison

JARZYNY	VEGETABLES
Brukiew	turnip
Brukselka	brussels sprouts
Cebula	onion
Fasola	beans
Groszek	peas
Kalafior	cauliflower
Kalarepa	kohlrabi

Kapusta	cabbage
Marchew	carrots
Ogórek	cucumber
Pietruszka	parsley
Pomidor	tomato
Sałata	lettuce
Seler	celeriac
Szpinak	spinach
Ziemniaki	potatoes
Szczaw	sorrel

JAJKA	EGGS
Jajecznica	scrambled eggs
Jajka na miękko	soft-boiled eggs
na twardo	hard-boiled eggs
sadzone	fried eggs
Omlet	omelette

KASZA I POTRAWY MĄCZNE	CEREALS AND PASTA
Kasza gryczna	buckwheat
Kasza manna	semolina
Łazanki	macaroni
Makaron	macaroni

Naleśniki	pancakes
z marmeladą	with jam
z serem	with curd cheese
Pierogi	dumplings
leniwe	with cottage cheese
z jagodami	with blueberries
z kapustą	with cabbage
z mięsem	with meat
z wiśniami	with sour cherries
Ryż	rice

DESER	DESSERT
Budyń	milk pudding
Ciastka	assorted pastry
Galaretka	jelly
Kisiel	soft jelly
Kompot	stewed fruit
Lody	ice cream
Tort	tart

OWOCE, JAGODY I ORZECHY	FRUITS AND NUTS
Agrest	gooseberry
Ananas	pineapple

Arbuz	water melon
Banan	banana
Brzoskwinia	peach
Czereśnia	cherry
Czernica	bilberry
Cytryna	lemon
Grejpfrut	grapefruit
Gruszka	pear
Jabłko	apple
Jagoda	blueberry
Malina	raspberry
Morela	apricot
Orzech laskowy	hazelnut
Orzech włoski	walnut
Pomarańcza	orange
Porzeczka	currant
Poziomka	wild strawberry
Śliwka	plum
Truskawka	strawberry
Winogrona	grapes
Wiśnia	sour cherry
Żurawina	cranberry

COOKING METHODS

Duszone	stewed
Gotowane	boiled
Mielone	minced
Nadziewane	stuffed
Na gorąco	hot
Na zimno	cold
Pieczony	roast
Purée	mashed, purée
Siekany	chopped
Smażony	fried
Wędzony	smoked
W galarecie	in aspic

NAPOJE

DRINKS

Alkoholowe	*Alcholic*
Koniak	brandy
Piwo	beer
Wódka	vodka
Wino	wine
białe	white
czerwone	red

słodkie	sweet
wytrawne	dry
Bezalkoholowe	*Non-alcoholic*
Czekolada	chocolate
Herbata	tea
Kakao	cocoa
Kawa	coffee
Lemoniada	lemonade
Mleko	milk
Oranżada	orangeade
Sok	juice
ananasowy	pineapple
grejpfrutowy	grapefruit
pomarańczowy	orange
pomidorowy	tomato
Woda mineralna	mineral water
Woda sodowa (z sokiem)	soda water (with fruit juice)

SHOPPING

Where to go

Where are the best department stores?	Gdzie są najlepsze domy towarowe?
Where is the market?	Gdzie jest targ?
Is there a market every day?	Czy targ jest czynny codziennie?
Where's the nearest chemist?	Gdzie jest najbliższa apteka/ drogeria?
Can you recommend a hairdresser?	Czy może pan/pani polecić dobrego fryzjera?
Baker	Piekarnia
Butcher	Sklep mięsny
Chemist	Drogeria
Dairy	Nabiał
Dry-cleaner	Pralnia cnemiczna
Grocer	Spożywczy/Kolonialny
Greengrocer	Warzywa i owoce
Laundry	Pralnia
Newsagent	'Ruch'[1]

1. These are either kiosks or shops with the name 'Ruch' prominently displayed, where they sell newspapers, cigarettes, stamps, postcards and other articles usually found at newsagents.

Stationer	Artykuły papiernicze/ Materiały piśmienne i biurowe
Tobacconist	'Ruch'[1]
Where can I buy . . . ?	Gdzie mogę kupić . . . ?
When do the shops open/close?	O której godzinie otwierają/ zamykają sklepy?

In the shop

Self service	* Samoobsługa
Closed for stocktaking	* Remanent
Cash desk	* Kasa
Shop assistant	Ekspedient/ekspedientka
Manager	Kierownik
Can I help you?	Słucham pana/panią?
I want to buy . . .	Chciałbym (-abym) kupić . . .
Do you sell . . . ?	Czy państwo sprzedają . . . ?
I just want to look around	Chcę tylko pooglądać

1. These are either kiosks or shops with the name 'Ruch' prominently displayed, where they sell newspapers, cigarettes, stamps, postcards and other articles usually found at newsagents.

I don't want to buy anything now	Nie chcę nic w tej chwili kupować
You'll find them at that counter	* Dostanie pan (pani) to przy tamtej ladzie/w tamtym stoisku
We've sold out but we'll have more tomorrow	* Wszystko wysprzedane, ale jutro będzie nowy towar
Will you take it with you?	* Czy pan (pani) zabierze to ze sobą?
Please send them to this address/X hotel	Proszę to dostarczyć pod ten adres/do hotelu X

Choosing

What colour do you want?	* Jaki kolor pan (pani) sobie życzy?
I like this one	Ten mi się podoba
I prefer that one	Wolę ten
I don't like this colour	Nie podoba mi się ten kolor
Have you a green one?	Czy ma pan (pani) zielony?
Do you have one in a different colour?	Czy ma pan (pani) coś w innym kolorze?

Have you anything better?	Czy ma pan (pani) coś w lepszym gatunku?
I'd like another	Wolałbym (-abym) coś innego
What size?[1]	* Jaki rozmiar?
It's too big/tight	To jest za duże/za ciasne
Have you a larger/smaller one?	Czy ma pan (pani) większy/ mniejszy?
What size is this?	Jaki to rozmiar?
I want size ...	Potrzebuję rozmiar ...
My collar size is ...	Mój rozmiar kołnierzyka jest ...
My chest measurement is ...	Mój obwód klatki piersiowej jest ...
My waist measurement is ..	Mój obwód w talii jest ...
What's it made of?	Z czego to jest zrobione?
For how long is it guaranteed	Na jak długo jest gwarancja?

Complaints

| I want to see the manager | Chciałbym (-abym) rozmawiać z kierownikiem |
| I bought this yesterday | Kupiłem (-am) to wczoraj |

1. See p. 91 for table of continental sizes.

It doesn't work	Nie działa
This is dirty/stained/torn/ broken/cracked	To jest brudne/poplamione/ podarte/rozbite/pękniete
Will you change it, please?	Czy może pan (pani) to wymienić?
Will you refund my money?	Czy mogę prosić o zwrot pieniędzy?

Paying

How much is this?	Ile to kosztuje?
That's 10 zlotics, please	* To kosztuje dziesięć złotych
They are 5 zlotics each	* One są pięć złotych od sztuki
It's too expensive	To za drogo
Don't you have anything cheaper?	Czy nie mają państwo nic tańszego?
Will you take English/ American currency/travellers' cheques?	Czy państwo przyjmują angielską/amerykańską walutę/ czeki podróżnicze?
Please pay the cashier	* Proszę zapłacić w kasie

May I have a receipt, please?	Czy mogę prosić o rachunek?
You've given me too little/too much change	Pani mi wydała za mało/za dużo

Clothes and shoes[1]

I want a sunhat	Chciałbym (-abym) kapelusz słoneczny
May I try this?	Czy mogę to przymierzyć?
It doesn't fit me	Nie leży na mnie dobrze
I don't like the style	Nie podoba mi się ten fason
Where's the coat department?	Gdzie są płaszcze?
Where are beach clothes?	Gdzie są ubrania plażowe?
The men's department is on the second floor	* Odzież męska jest na drugim piętrze
A pair of grey wool socks, please, size . . .	Poprosze parę szarych wełnianych skarpet, rozmiar . . .
I need a pair of walking shoes/beach sandals	Potrzebuję parę butów turystycznych/sandałów plażowych

1. For sizes, see p. 91.

Clothing sizes

WOMEN'S DRESSES, ETC.

British	32	34	36	38	40	42	44
American	10	12	14	16	18	20	22
Continental	30	32	34	36	38	40	42

MEN'S SUITS

British and American	36	38	40	42	44	46
Continental	46	48	50	52	54	56

MEN'S SHIRTS

British and American	14	$14\frac{1}{2}$	15	$15\frac{1}{2}$	16	$16\frac{1}{2}$	17
Continental	36	37	38	39	41	42	43

STOCKINGS

British and American	8	$8\frac{1}{2}$	9	$9\frac{1}{2}$	10	$10\frac{1}{2}$	11
Continental	0	1	2	3	4	5	6

SOCKS

British and American	$9\frac{1}{2}$	10	$10\frac{1}{2}$	11	$11\frac{1}{2}$
Continental	38–39	39–40	40–41	41–42	42–43

SHOES

British	1	2		3	4	5	6		7	8	9	10	11	12
American	$2\frac{1}{2}$	$3\frac{1}{2}$		$4\frac{1}{2}$	$5\frac{1}{2}$	$6\frac{1}{2}$	$7\frac{1}{2}$		$8\frac{1}{2}$	$9\frac{1}{2}$	$10\frac{1}{2}$	$11\frac{1}{2}$	$12\frac{1}{2}$	$13\frac{1}{2}$
Continental	33	34–5	36	37	38	39–40	41	42	43	44	45	46

This table is only intended as a rough guide since sizes vary from manufacturer to manufacturer.

Chemist[1]

Can you prepare this prescription for me, please?	Czy może mi pan (pani) przygotować to lekarstwo?
Have you a small first aid kit?	Czy ma pan (pani) mały komplet środków pierwszej pomocy?
A bottle of aspirin, please	Proproszę butelkę aspiryny
A tin of adhesive plaster	Poproszę paczkę plastrów opatrunkowych
Can you suggest something for indigestion/constipation/diarrhoea?	Czy może mi pan/pani coś polecić na niestrawność/obstrukcję/biegunkę?
I want something for insect bites	Proszę o jakiś środek na pogryzienie przez insekty

1. See also AT THE DOCTOR'S (p. 111).

Can you give me something for sunburn?	Czy ma pan/pani jakiś środek na poparzenie słoneczne?
I want some throat/cough lozenges	Chciałbym (-abym) kupić jakieś pastylki na gardło/na kaszel

Toilet requisites

A packet of razor blades, please	Poproszę paczkę żyletek
Have you an after-shave lotion?	Czy ma pan (pani) wodę po goleniu?
How much is this lotion?	Ile ta woda kosztuje?
A tube of toothpaste, please	Poproszę tubkę pasty do zębów
I want some eau-de-cologne/ perfume	Chciałbym (-abym) kupić jakąś wodę kolońską/jakieś perfumy
What kinds of soap have you?	Jakie mydła można u państwa dostać?
A bottle/tube of shampoo, please, for dry/greasy hair	Poproszę butelkę/tubkę szamponu na suche/tłuste włosy

Photography

Have you a film for this camera?	Czy mają państwo film do tego aparatu?
Can I have a 35-mm. colour film with 36 exposures?	Czy mogę prosić o film kolorowy trzydzieści pieć milimetrów z wyświetleniem trzydzieści sześć?
Would you fit the film in the camera for me, please?	Czy mógłby pan/mogłaby pani założyć mi ten film do aparatu?
How much is it?	Ile to kosztuje?
Does the price include processing?	Czy wywołanie zdjęć jest wliczone w cenę?
I'd like this film developed and printed	Poproszę o wywołanie tego filmu i zrobienie odbitek
Please enlarge this negative	Proszę mi powiększyć ten negatyw
When will they be ready?	Kiedy będą gotowe?
My camera's not working, can you mend it?	Moj aparat jest popsuty, czy może pan go naprawić?
The film is jammed	Film się zaciął
Lens	Obiektyw

Lightmeter	Światłomierz
Shutter	Migawka
Viewfinder	Wizjer

Food[1]

Give me a kilo/half a kilo of . . . , please	Poproszę kilogram/pół kilograma . . .
I want some sweets/chocolate, please	Chciałbym (-abym) kupić trochę cukierków/czekoladę
A bottle of milk	Butelkę mleka
A litre/half a litre of wine/beer	Litr/pół litra wina/piwa
Is there anything back on the bottle?	Czy jest jakiś depozyt za butelkę?
I want a jar/tin/packet of . . .	Chciałbym (-abym) kupić słoik/puszkę/paczkę . . .
Do you sell frozen foods?	Czy sprzedają państwo mrożonki?
These pears are too hard	Te gruszki są za twarde
Is it fresh?	Czy to jest świeże?

1. See also RESTAURANT (p. 68) and WEIGHTS AND MEASURES (p. 126).

Are they ripe?	Czy one są dojrzałe?
This is bad/stale	To jest zepsute/nieświeże
A loaf of bread, please	Poproszę bochenek chleba
How much a kilo/a litre?	Ile za kilo/za litr?

Tobacconist

Do you stock English/American cigarettes?	Czy pan (pani) ma angielskie/ amerykańskie papierosy?
What English cigarettes have you?	Jakie pan (pani) ma angielskie papierosy?
A packet of . . . , please	Poproszę paczkę . . .
A box of big/small cigars, please	Poproszę pudełko dużych/ małych cygar
I want some filter tip cigarettes/ cigarettes without filter	Poproszę papierosy z filtrem/ bez filtra
A box of matches, please	Poproszę pudełko zapałek
I want to buy a lighter	Chciałbym (-abym) kupić zapalniczkę
Do you sell lighter fuel?	Czy ma pan (pani) benzynę do zapalniczek?
I want a gas refill for this lighter	Poproszę wkład do tej zapalniczki gazowej

Newspapers, books, writing materials

Do you sell English/American newspapers?	Czy mają państwo angielskie/ amerykańskie gazety?
Where can I get . . . ?	Gdzie dostanę . . . ?
I want a map of the city	Poproszę plan miasta
Do you have any English books?	Czy mają państwo jakieś książki w języku angielskim?
Have you any novels by . . . ?	Czy mają państwo jakieś powieści napisane przez . . . ?
I want some colour postcards	Chciałbym (-abym) kupić widokówki
I want some black and white postcards/plain postcards	Chciałbym (-abym) kupić kilka czarno-białych widokówek/ zwyczajnych kartek pocztowych

Laundry and cleaning

I want to have these things washed/cleaned	Chciałbym (-abym) oddać te rzeczy do prania/do czyszczenia

These stains won't come out	* Te plamy nie zejdą
It only needs to be pressed	To tylko trzeba przeprasować
This is torn; can you mend it?	To jest podarte; czy może pan (pani) to zacerować?
Do you do invisible mending?	Czy państwo robią artystyczne cerowanie?
There's a button missing	Guzika brakuje
Can you sew on a button here, please?	Czy może pani przyszyć tutaj guzik?
Can you put in a new zip, please?	Czy może pan (pani) przyszyć nowy suwak?
When will they be ready?	Kiedy będą gotowe?
I need them by this evening/ tomorrow	Będą mi potrzebne dziś wieczór/jutro
Call back at 5 o'clock	* Proszę przyjść o piątej godzinie
We can do it by Tuesday	* Możemy to zrobić na wtorek
It will take three days	* To zabierze trzy dni

Repairs

SHOES

Can you sole these shoes with leather?	Czy może pan dać skórzane podeszwy do tych butów?

Can you heel these shoes with rubber?	Czy może pan zrobić gumowe obcasy do tych butów?
I have broken the heel; can you put on a new one?	Złamałem (-am) obcas; czy może pan przybić nowy?
Can you do them while I wait?	Czy może pan to zrobić na poczekaniu?
When should I pick them up?	Kiedy mogę je odebrać?

WATCH/JEWELLERY

My watch is broken	Zepsuł mi się zegarek
My watch is running fast/slow	Mój zegarek zawsze się śpieszy/spóźnia
Can you repair it?	Czy może pan go zreperować?
I've broken the strap	Urwał mi się pasek od zegarka
The fastener is broken	Sprzączka się urwała
The stone is loose	Kamień jest obluzowany
How much will it cost?	Ile to będzie kosztować?
It can't be repaired	* Tego nie da się naprawić
You need a new one	* Musi pan (pani) kupić nowy

BARBER AND HAIRDRESSER

May I make an appointment for tomorrow/this afternoon?	Czy mogę zamówić wizytę na jutro/dziś po południu?
What time?	O której godzinie?
I want my hair cut/trimmed	Chciałbym (-abym) ściąć/ przystrzyc włosy
Not too short at the sides	Nie za krótko z boków
I'll have it shorter at the back, please	Proszę trochę krócej z tyłu
This is where I have my parting	Tutaj powinien być przedziałek
My hair is oily/dry	Mam tłuste/suche włosy
I want a shampoo	Proszę mi umyć włosy
I want my hair washed and set	Proszę mi umyć i ułożyć włosy
Please set it without rollers	Proszę mi ułożyć włosy bez nakręcania na lokówki
I'd like it set this way, please	Proszę je ułożyć w ten sposób
The water is too cold	Woda jest za zimna
The dryer is too hot	Suszarka jest za gorąca
Thank you, I like it very much	Dziękuję, bardzo mi się to podoba
I want a shave/manicure	Proszę mnie ogolić/proszę mi zrobić manicure

POST OFFICE

Where's the main post office?	Gdzie jest poczta główna?
Where's the nearest post office?	Gdzie jest najbliższa poczta?
What time does the post office close?	O której zamykają pocztę?
Where's the post box?	Gdzie jest skrzynka na listy?

Letters and telegrams

How much is a letter to England?	Ile kosztuje list do Anglii?
What's the airmail/surface mail to the USA?	Ile kosztuje poczta lotnicza/ zwykła do USA? (*oo-es-a*)
It's inland	Krajowy
Give me three . . . stamps, please	Poproszę trzy . . . znaczki
I want to send this letter express	Chciałbym (-abym) wysłać ten list ekspresem
I want to register this letter	* Chciałabym (-abym) wysłać ten list pocztą poleconą
Where is the poste restante section?	Gdzie jest poste restante?
Are there any letters for me?	Czy są do mnie jakieś listy?
What is your name?	* Jak się pan (pani) nazywa?
Have you any means of identification?	* Czy ma pan (pani) jakiś dowód osobisty?

I want to send a telegram (reply paid)	Chciałbym (-abym) wysłać telegram (z opłaconą odpowiedzią)
How much does it cost per word?	Ile to kosztuje od słowa?
Write the message here and your own name and address	* Proszę tutaj napisać tekst oraz pańskie nazwisko i adres

Telephoning

Where's the nearest phone box?	Gdzie jest najbliższa budka telefoniczna?
I want to make a phone call	Chciałbym (-abym) zatelefonować
Please get me . . .	Proszę mi dać . . .
I want to telephone to England	Chciałbym (-abym) zatelefonować do Anglii
I want to make a personal call	Chciałbym (-abym) zamówić rozmowę z przywołaniem
I want to reverse the charges/call collect	Chciałbym (-abym) zamówić rozmowę R (*pron.* air)
I want extension 43	Poproszę wewnętrzny czterdzieści trzy
May I speak to . . .	Czy mogę mówić z . . .

Who's speaking?	Kto mówi?
Hold the line, please	* Proszę zaczekać
Put the receiver down	* Proszę położyć słuchawkę
He's not here	* Nie ma go tutaj
He's at . . .	* On jest w . . .
When will he be back?	Kiedy wróci?
Will you take a message?	Czy można zostawić wiadomość?
Tell him that X phoned	Proszę mu powiedzieć, że X telefonował
Please ask him to phone me	Prosze go poprosić żeby do mnie zatelefonował
What's your number?	* Jaki jest pański numer?
My number is . . .	Mój numer jest . . .
I can't hear you	Nie słyszę pana/pani
The line is engaged	* Linia jest zajęta
There's no reply	* Nie ma odpowiedzi
You have the wrong number	* Pomyłka
Telephone directory	Książka telefoniczna
Telephone number	Numer telefonu
Telephone operator	Telefonistka/telefonista

SIGHTSEEING[1]

What is there to see here?	Co tutaj jest do zobaczenia?
What's this building?	Co to za budynek?
Which is the oldest building in the city?	Który jest najstarszy budynek w tym mieście?
When was it built?	Kiedy to było zbudowane?
Who built it?	Kto to wybudował?
What's the name of this church?	Jak się ten kościół nazywa?
What time is mass at . . . church?	O której godzinie jest msza w kościele . . . ?
What time is the service?	O której jest nabożeństwo?
Where is the synagogue?	Gdzie jest synagoga?
Is this the natural history museum?	Czy to jest muzeum przyrodnicze?
When is the museum open?	Kiedy to muzeum jest otwarte?
Is it open on Sundays?	Czy jest otwarte w niedzielę?
The museum is closed on Mondays	* Muzeum jest zamknięte w poniedziałki
Admission free	* Wstęp bezpłatny
How much is it to go in?	Ile kosztuje wstęp?
Have you a ticket?	* Czy ma pan (pani) bilet?
Where do I get tickets?	* Gdzie dostanę bilety?
Please leave your bag in the cloakroom	* Proszę zostawić torbę w szatni

1. See also BUS AND COACH TRAVEL (p. 45) and DIRECTIONS (p. 48).

It's over there	★ To jest tam
Can I take pictures?	Czy można robić zdjęcia?
Photographs are prohibited	★ Zdjęcia są zabronione
Follow the guide	★ Proszę iść za przewodnikiem
Does the guide speak English?	Czy przewodnik mówi po angielsku?
I don't need a guide	Ja nie potrzebuję przewodnika
Where is the Matejki collection/exhibition?	Gdzie jest zbiór/wystawa obrazów Matejki?
Where can I get a catalogue?	Gdzie mogę dostać katalog?
Where can I get a map/guide book of the city?	Gdzie mogę dostać mapę/przewodnik po mieście?
Is this the way to the zoo?	Czy tędy się idzie do zoo?
Which bus goes to the castle?	Który autobus jedzie na zamek?
Which is the way to the park?	Którędy się idzie do parku?
Can we walk there?	Czy można tam dojść pieszo?

ENTERTAINMENT

What's on at the theatre/cinema?	Co jest w kinie/w teatrze?
Is there a concert on this evening?	Czy jest koncert dziś wieczór?
I want two seats for tonight/the matinee tomorrow	Chciałbym (-abym) dwa bilety na dziś wieczór/na jutrzejszy poranek
I want to book seats for Thursday	Chciałbym (-abym) zamówić bilety na czwartek
Where are these seats?	Gdzie są te miejsca?
What time does the performance start?	O której zaczyna się przedstawienie?
What time does it end?	O której się kończy?
A programme, please	Poproszę program
Where are the best nightclubs?	Gdzie są najlepsze lokale nocne?
What time is the floorshow?	O której godzinie jest kabaret?
May I have this dance?	Czy mogę prosić do tańca?
Is there a discotheque here?	Czy jest tutaj dyskoteka?

SPORTS AND GAMES

Where is the stadium?	Gdzie jest stadion?
Are there still any seats in the grandstand?	Czy są jeszcze jakieś miejsca na trybunach?
How much are they?	Po ile one są?
Which are the cheapest seats?	Które miejsca są najtańsze?
We want to go to a football match/the tennis tournament	Chcielibyśmy pójść na mecz piłki nożnej/tenisowy
When does it start?	Kiedy to się zaczyna?
Where's the race course?	Gdzie jest tor wyścigowy?
Where are the best hunting grounds?	Gdzie są najlepsze tereny łowieckie?
Where can you hunt deer?	Gdzie można polować na jelenie?
Are these animals protected?	Czy te zwierzęta są pod ochroną?
Closed season	* Okres ochronny
Where do you go fishing?	Gdzie pan jeździ na ryby?
What kind of fish can you catch here?	Jakie ryby można tu łowić?
Is this climbing route easy/safe?	Czy ten szlak jest łatwy/ bezpieczny?
Is there a hostel near the peak?	Czy jest schronisko blisko szczytu?
Have you got a torch?	Czy pan (pani) ma latarkę?
I left my thermos flask behind	Zostawiłem (-am) termos

ON THE BEACH

Where are the best beaches?	Gdzie są najlepsze plaże?
Is there a quiet beach near here?	Czy jest tu gdzieś blisko spokojna plaża?
Can we walk or is it too far?	Czy możemy tam dojść pieszo, czy też jest to za daleko?
Is there a bus to the beach?	Czy jest autobus na plażę?
Is it dangerous to bathe here?	Czy tu jest bezpiecznie się kąpać?
Bathing prohibited	* Kąpiel wzbroniona
Diving prohibited	* Nurkowanie wzbronione
It's dangerous	* Niebezpiecznie
There's a strong current here	* Tutaj jest silny prąd
Are you a strong swimmer?	* Czy jest pan (pani) silnym pływakiem/silną pływaczką?
Is it deep?	Czy to jest głęboko?
Is the water cold/warm?	Czy woda jest zimna/ciepła?
Can you swim in the lake/river?	Czy można pływać w jeziorze/rzece?
Is there an indoor/outdoor swimming pool?	Czy jest tu zakryty/otwarty basen?
Is it salt or fresh water?	Czy to jest słona, czy słodka woda?
Are there showers?	Czy są prysznice?
I want a cabin for the day/for the morning/for two hours	Poproszę kabinę na dzień/przedpołudnie/dwie godziny

I want to hire a deckchair/ sunshade	Chciałbym (-abym) wynająć leżak/parasol od słońca
Can we water ski here?	Czy można tu jeździć na nartach wodnych?
Can we hire the equipment?	Czy możemy wypożyczyć sprzęt?
Where's the harbour?	Gdzie jest port?
Can we go out in a fishing boat?	Czy możemy popłynąć w łodzi rybackiej?
We want to go fishing?	Chcemy pójść na ryby
Is there any underwater fishing?	Czy jest tu jakieś łowienie podwodne?
Can I hire a boat?	Czy można wynająć łódź?
What does it cost by the hour?	Ile to kosztuje za godzinę?

CAMPING AND WALKING[1]

How long is the walk to the youth hostel?	Ile czasu zajmie dojście pieszo do schroniska?
How far is the next village?	Jak daleko jest następna wieś?
Is there a footpath to . . . ?	Czy jest jakaś ścieżka do . . . ?
Is there a short cut?	Czy można dojść na skróty?
It's an hour's walk to . . .	★ To jest godzina drogi do . . .
Is there a camping site near here?	Czy jest w pobliżu miejsce kampingowe?
Is this an authorised camp site?	Czy to jest oficjalne miejsce kampingowe?
Is there drinking water?	Czy jest tu woda do picia?
Are there sanitary arrangements/ showers?	Czy są urządzenia sanitarne/ prysznice?
May we camp here?	Czy możemy tu zaobozować?
Can we hire a tent?	Czy możemy wynająć namiot?
Can we park our caravan here?	Czy możemy tu zaparkować nasz samochód z przyczepą?
Is this drinking water?	Czy to jest woda do picia?
Where are the shops?	Gdzie są sklepy?
Where can I buy paraffin/butane gas?	Gdzie można dostać parafinę/ gaz butanowy?
May we light a fire?	Czy można rozpalić ognisko?
Where do I dispose of rubbish?	Gdzie należy wyrzucić śmieci?

1. See also DIRECTIONS (p. 48).

AT THE DOCTOR'S

I must see a doctor; can you recommend one?	Muszę pójść do doktora; czy może pan (pani) kogoś polecić?
Please call a doctor	Proszę zawołać lekarza
I am ill	Jestem chory (-a)
I've a pain in my right arm	Boli mnie w prawym ramieniu
My wrist hurts	Boli mnie w przegubach
I think I've sprained/broken my ankle	Wydaje mi się, że zwichnąłem (-ęłam)/złamałem (-am) nogę w kostce
I fell down and hurt my back	Upadłem (-am) i potem dostałem (-am) bólu w plecach
My feet are swollen	Mam opuchnięte stopy
I've burned/cut/bruised myself	Sparzyłem się/skaleczyłem się/ potłukłem się (-am)
My stomach is upset	Żołądek mnie boli
I have indigestion	Cierpię na niestrawność
My appetite's gone	Nie mam apetytu
I think I've got food poisoning	Wydaje mi się, że się zatrułem (-am) żywnością
I can't eat/sleep	Nie mogę jeść/spać
I am a diabetic	Jestem diabetykiem/diabetyczką
My nose keeps bleeding	Nos mi ciągle krwawi

I have earache	Mam ból w uszach
I have difficulty in breathing	Mam trudności z oddychaniem
I feel dizzy	Mam zawroty głowy
I feel sick	Niedobrze mi jest
I keep vomiting	Wciąż wymiotuję
I have a temperature/fever	Mam temperaturę/gorączkę
I think I've caught 'flu	Wydaje mi się, że mam grypę
I've got a cold	Jestem przeziębiony (-a)
I've had it since yesterday	Mam to od wczoraj
I've had it for a few hours	Mam to od paru godzin
You're hurting me	Pan (pani) zadaje mi ból
Must I stay in bed?	Czy muszę leżeć w łóżku?
Will you come and see me again?	Czy przyjdzie pan (pani) z nową wizytą?
How much do I owe you?	Ile jestem panu (pani) winien?
When do you think I can leave?	Kiedy pan (pani) sądzi, że będę mógł (mogła) wyjechać?
I feel better now	Czuję się teraz lepiej
Where does it hurt?	* Gdzie pana (panią) boli?
Have you a pain here?	* Czy boli tutaj?
How long have you had the pain/been suffering from . . . ?	* Jak długo pana (panią) boli/cierpi pan (pani) na . . .?
Open your mouth	* Proszę otworzyć usta

Put out your tongue	* Proszę pokazać język
Breathe in	* Proszę wciągnąć powietrze
Hold your breath	* Proszę wstrzymać oddech
Does that hurt?	* Czy to boli?
A lot?	Bardzo?
A little?	Trochę?
Please lie down	* Proszę się położyć
Take these pills/medicine	* Proszę wziąć te pigułki/to lekarstwo
Take this prescription to the chemist's	* Proszę wziąć tę receptę do apteki
Take this three times a day	* Proszę to zażywać trzy razy dziennie
I'll give you an injection	* Dam panu (pani) zastrzyk
Roll up your sleeve	* Proszę podwinąć rękaw
You should stay on a diet for a few days	* Powinien pan (powinna pani) przejść na dietę na parę dni
Come and see me again in two days' time	* Proszę do mnie przyjść ponownie za dwa dni
Your leg must be X-rayed	* Musimy panu (pani) prześwietlić nogę
You must go to hospital	* Musi pan (pani) iść do szpitala
You must stay in bed for a few days	* Musi pan (pani) leżeć w łóżku przez parę dni

abscess	ropień/wrzód
anaesthetic	narkoza/środek znieczulający
appendicitis	zapalenie wyrostka robaczkowego ('ślepej kiszki')
arthritis	artretyzm
brain	mózg
constipation	obstrukcja
diabetes	cukrzyca
diarrhoea	biegunka
earache	ból ucha/uszu
false teeth	sztuczne zęby
fever	gorączka
filling (*tooth*)	plomba
food poisoning	zatrucie żywnością
gum	dziąsło
hay fever	katar sienny
heart	serce
heart condition	słabe serce
infection	infekcja
influenza	grypa
injection	zastrzyk
insomnia	bezsenność
kidney	nerka

liver	wątroba
lung	płuco
muscle	mięsień
nerve	nerw
pain	ból
sore throat	ból gardła
stomach-ache	ból żołądka
temperature	temperatura
thermometer	termometr
tonsils	migdałki
toothache	ból zęba
X-ray	prześwietlenie

AT THE DENTIST'S

I must see a dentist	Muszę pójść do dentysty
Can I make an appointment with the dentist?	Czy mogę zamówić wizytę u dentysty?
As soon as possible	Jak najszybciej
I have toothache	Ząb mnie boli
This tooth hurts	Ten ząb mnie boli
I've lost a filling	Wyleciała mi plomba
Can you fill it?	Czy może pan (pani) go zaplombować?
Can you do it now?	Czy może pan (pani) teraz to zrobić?
Must you take the tooth out?	Czy musi pan (pani) wyrwać ten ząb?
Please give me an injection first	Proszę mi dać najpierw zastrzyk znieczulający
My gums are swollen/keep bleeding	Dziąsła mi spuchły/krwawią
I've broken my plate, can you repair it?	Złamała mi się sztuczna szczęka, czy może mi pan/pani ją naprawić?
You're hurting me	Pan (pani) mi sprawia ból
How much do I owe you?	Ile jestem winien (winna)?
When should I come again?	Kiedy mam się znowu zgłosić?
Please rinse your mouth	* Proszę wypłukać usta

I will X-ray your teeth	* Prześwietlę panu (pani) zęby
You have an abscess	* Ma pan (pani) ropień
The nerve is exposed	* Nerw jest odsłonięty
This tooth will have to come out	* Trzeba wyrwać ten ząb

PROBLEMS AND ACCIDENTS

Where's the police station?	Gdzie jest posterunek milicji?
Call the police	Proszę zawołać milicję
Where is the British/American consulate?	Gdzie jest konsulat brytyjski/amerykański?
Please let the consulate know	Proszę zawiadomić konsulat
My bag/wallet has been stolen	Skradziono mi torebkę/portfel
I found this in the street	Znalazłem (-am) to na ulicy
I have lost my luggage/passport/travellers' cheques	Zgubiłem (-am) bagaże/paszport/czeki podróżnicze
I have missed my train	Spóźniłem (-am) się na pociąg
My luggage is on board	Moje bagaże są w pociągu
Call a doctor	Proszę zawołać lekarza
Call an ambulance	Proszę sprowadzić karetkę pogotowia
There has been an accident	Był wypadek
He's badly hurt	On jest poważnie zraniony
He has fainted	On zemdlał
He's losing blood	On krwawi
Please get some water/a blanket/some bandages	Proszę przynieść wody/koc/bandaże
I've broken my glasses	Rozbiłem (-am) okulary
I can't see	Nic nie widzę
A child has fallen in the water	Dziecko wpadło do wody

May I see your insurance policy? * Czy mogę zobaczyć pańską
                                    kartę ubezpieczeniową?

Apply to the insurance company   Proszę się zwrócić do urzędu
                                    ubezpieczeniowego

I want a copy of the police   Poproszę o kopię raportu
 report   milicyjnego

TIME AND DATES

What time is it?	Która godzina?
It's one o'clock	Pierwsza
Two o'clock	Druga
Midday	Południe
Midnight	Północ
Quarter to ten	Za piętnaście dziesiąta
Quarter past five	Piętnaście po piątej
Half past four[1]	Wpół do piątej
Five past eight	Pięć po ósmej
Twenty to three	Za dwadzieścia trzecia
It's early/late	Jest wcześnie/późno
My watch is slow/fast/has stopped	Mój zegarek się spóźnia/śpieszy/nie chodzi
What time does it start/finish?	O której się to zaczyna/kończy?
Are you staying long?	Czy długo pan/pani tu będzie?
I'm staying for two weeks/four days	Będę tu przez dwa tygodnie/cztery dni
I've been here for a week	Jestem tu od tygodnia
We're leaving on 5 January	Wyjeżdżamy piątego stycznia
We got here on 27 July	Przyjechaliśmy tu dwudziesłego siódmego lipca
What's the date?	Jaka jest dzisiejsza data/którego dzisiaj?

1. In Polish, half past the hour is counted as half to the next hour.

It's 9 December	Dziewiąłego grudnia
Today	Dziś/dzisiaj
Yesterday	Wczoraj
Tomorrow	Jutro
Day after tomorrow	Pojutrze
Day before yesterday	Przedwczoraj
Day	Dzień
Morning	Rano
Afternoon	Popołudnie
Evening	Wieczór
Night	Noc
This morning	Dziś rano
Yesterday afternoon	Wczoraj po południu
Tomorrow evening	Jutro wieczór
In the morning	Rano
In ten days' time	Za dziesięć dni
On Tuesday	We wtorek
On Sundays	W niedzielę
This week	W tym tygodniu
Last month	W zeszłym miesiącu
Next year	W przyszłym roku
Sunday	Niedziela

Monday	Poniedziałek
Tuesday	Wtorek
Wednesday	Środa
Thursday	Czwartek
Friday	Piątek
Saturday	Sobota
January	Styczeń
February	Luty
March	Marzec
April	Kwiecień
May	Maj
June	Czerwiec
July	Lipiec
August	Sierpień
September	Wrzesień
October	Październik
November	Listopad
December	Grudzień

PUBLIC HOLIDAYS

New Year's Day – 1 January	Nowy Rok
Easter Monday	Poniedziałek Wielkanocny
Labour Day – 1 May	Święto Pracy
Corpus Christi – moveable holiday	Boże Ciało
Polish National Day – 22 July	Święto Odrodzenia Polski
All Saint's Day – 1 November	Wszystkich Świętych
Christmas – 25 and 26 December	Boże Narodzenie

NUMBERS

CARDINAL

0	zero	19	dziewiętnaście
1	jeden	20	dwadzieścia
2	dwa	21	dwadzieścia jeden
3	trzy	22	dwadzieścia dwa
4	cztery	30	trzydzieści
5	pięć	31	trzydzieści jeden
6	sześć	40	czterdzieści
7	siedem	50	pięćdziesiąt
8	osiem	60	sześćdziesiąt
9	dziewięć	70	siedemdziesiąt
10	dziesięć	80	osiemdziesiąt
11	jedenaście	90	dziewięćdziesiąt
12	dwanaście	100	sto
13	trzynaście	101	sto jeden
14	czternaście	200	dwieście
15	piętnaście	1,000	tysiąc
16	szesnaście	2,000	dwa tysiące
17	siedemnaście	1,000,000	milion
18	osiemnaście		

ORDINAL

1st	pierwszy	8th	ósmy
2nd	drugi	9th	dziewiąty
3rd	trzeci	10th	dziesiąty
4th	czwarty	11th	jedenasty
5th	piąty	12th	dwunasty
6th	szósty	13th	trzynasty
7th	siódmy	14th	czternasty

15th	piętnasty	60th	sześćdziesiąty
16th	szesnasty	70th	siedemdziesiąty
17th	siedemnasty	80th	osiemdziesiąty
18th	osiemnasty	90th	dziewięćdziesiąty
19th	dziewiętnasty	100th	setny
20th	dwudziesty		
21st	dwudziesty pierwszy	half	pół/połowa
		quarter	ćwierć/ćwiartka
30th	trzydziesty	three quarters	trzy czwarte
40th	czterdziesty	a third	jedna trzecia
50th	pięćdziesiąty	two thirds	dwie trzecie

WEIGHTS AND MEASURES

Distance : kilometres – miles

km.	miles or km.	miles	km.	miles or km.	miles
1·6	1	0·6	14·5	9	5·6
3·2	2	1·2	16·1	10	6·2
4·8	3	1·9	32·2	20	12·4
6·4	4	2·5	40·2	25	15·3
8	5	3·1	80·5	50	31·1
9·7	6	3·7	160·9	100	62·1
11·3	7	4·4	804·7	500	310·7
12·9	8	5·0			

A rough way to convert from miles to km.: divide by 5 and multiply by 8; from km. to miles, divide by 8 and multiply by 5.

Length and height :

centimetres – inches

cm.	ins or cm.	ins	cm.	ins or cm.	ins
2·5	1	0·4	17·8	7	2·8
5·1	2	0·8	20	8	3·2
7·6	3	1·2	22·9	9	3·5
10·2	4	1·6	25·4	10	3·9
12·7	5	2·0	50·8	20	7·9
15·2	6	2·4	127	50	19·7

A rough way to convert from inches to cm.: divide by 2 and multiply by 5; from cm. to inches, divide by 5 and multiply by 2.

metres – feet

m.	ft or m.	ft	m.	ft or m.	ft
0·3	1	3·3	2·4	8	26.3
0·6	2	6·6	2·7	9	29.5
0·9	3	9·8	3	10	32.8
1·2	4	13·1	6·1	20	65·6
1·5	5	16·4	15·2	50	164
1·8	6	19·7	30·5	100	328·1
2·1	7	23			

A rough way to convert from ft to m.: divide by 10 and multiply by 3; from m. to ft, divide by 3 and multiply by 10.

metres – yards

m.	yds or m.	yds	m.	yds or m.	yds
0·9	1	1·1	7·3	8	8·8
1·8	2	2·2	8·2	9	9·8
2·7	3	3·3	9·1	10	10·9
3·7	4	4·4	18·3	20	21·9
4·6	5	5·5	45·7	50	54·7
5·5	6	6·6	91·4	100	109·4
6·4	7	7·7	457·2	500	546·8

A rough way to convert from yds to m.: subtract 10 per cent from the number of yds; from m. to yds, add 10 per cent to the number of metres.

Liquid measures : litres – gallons

litres	galls or litres	galls	litres	galls or litres	galls
4·6	1	0·2	36·4	8	1·8
9·1	2	0·4	40·9	9	2·0
13·6	3	0·7	45·5	10	2·2
18·2	4	0·9	90·9	20	4·4
22·7	5	1·1	136·4	30	6·6
27·3	6	1·3	181·8	40	8·8
31·8	7	1·5	227·3	50	11

1 pint = 0·6 litre   1 litre = 1·8 pint

A rough way to convert from galls to litres: divide by 2 and multiply by 9; from litres to galls, divide by 9 and multiply by 2.

Weight : kilogrammes – pounds

kg.	lb. or kg.	lb.	kg.	lb. or kg.	lb.
0·5	1	2·2	3·2	7	15·4
0·9	2	4·4	3·6	8	17·6
1·4	3	6·6	4·1	9	19·8
1·8	4	8·8	4·5	10	22·1
2·3	5	11·0	9·1	20	44·1
2·7	6	13·2	22·7	50	110·2

A rough way to convert from lb. to kg.: divide by 11 and multiply by 5; from kg. to lb., divide by 5 and multiply by 11.

grammes – ounces

grammes	oz.	oz.	grammes
100	3·5	2	57·1
250	8·8	4	114·3
500	17·6	8	228·6
1,000 (1 kg.)	35	16 (1 lb.)	457·2

Temperature: centigrade – fahrenheit

centigrade °C	fahrenheit °F
0	32
5	41
10	50
20	68
30	86
40	104

A rough way to convert from °F to °C: deduct 32 and multiply by $\frac{5}{9}$; from °C to °F, multiply by $\frac{9}{5}$ and add 32.

VOCABULARY

Throughout the vocabulary first and third person singular of all verbs are given as well as the infinitive.

A

able (to be)	móc, potrafić (mogę, może, potrafię, -i)	moots po-**tra**-feech
about	o (+ *loc.*)	o
above	nad (+ *instr.*)	nad
abroad	za granicą	za gra-**nee**-tsoⁿ
accept (to)	przyjąć (przyjmuję, -e)	**pshi**-yoⁿch
accident	wypadek	vi-**pa**-dek
ache	ból	bool
acquaintance	znajomy	zna-**yo**-mi
across	przez (+ *acc.*)	pshez
actor	aktor	**ak**-tor
actress	aktorka	ak-**tor**-ka
add	dodawać *impf.*, dodać *pf.* (dodaję, -e)	do-**da**-vach, **do**-dach
address	adres	**ad**-res
advice	rada	**ra**-da
aeroplane	samolot	sa-**mo**-lot

afraid (to be)	bać się (+ *gen.*) (boję się, -i)	bach sheⁿ
after	po (+ *loc.*)	po
afternoon	popołudnie	po-po-**wood**-nye
again	znowu	**zno**-voo
against	przeciw, wbrew (+ *dat.*)	**pshe**-tseev, vbrev
age	wiek	vyek
agency	agencja	a-**gen**-tsya
agent	przedstawiciel (-ka)	psheł-sta-**vee**-chel
ago	. . . temu	**te**-moo
agree (to)	zgadzać się *impf.* zgodzić się *pf.* (zgadzam się, -a)	**zga**-dzach sheⁿ **zgo**-dzeech sheⁿ
air	powietrze	po-**vye**-tshee
air-conditioning	klimatyzacja	klee-ma-ti-**za**-tsya
airline	linia lotnicza	**lee**-nya lot-**nee**-cha
airmail	poczta lotnicza	**poch**-ta lot-**nee**-cha
airport	lotnisko	lot-**nees**-ko
all	wszystko *n*, wszystkie *f*, wszyscy *f & m*, *pl.*	**vshist**-ko
allergy	alergia, uczulenie	al-**er**-gya, oo-choo-**le**-nye

allow (to)	pozwalać *impf.*, pozwolić *pf.* (pozwalam, -a)	poz-**va**-lach, poz-**vo**-leech
all right	w porządku	f po-**zhon**d-koo
almost	prawie	**pra**-vye
alone	sam *m*, sama *f*, samo *n*	sam
along	wzdłuż	vzdwoozh
already	już	yoozh
alter (to)	zmieniać, przerabiać *impf.*, zmienić, przerobić *pf.* (zmieniam, -a, przerabiam, -a)	**zmye**-nyach, pshe-**ra**-byach
although	chociaż	**ho**-chazh
always	zawsze	**zaf**-sze
ambulance	karetka pogotowia ratunkowego	ka-**ret**-ka po-go-**to**-vya ra-toon-ko-**ve**-go
America	Ameryka	a-**me**-ri-ka
American *noun*	Amerykanin *m*, Amerykanka *f*	a-me-ri-**ka**-nin a-me-ri-**kan**-ka
American *adj.*	amerykański	a-me-ri-**kany**-skee

amuse (to)	zabawiać, rozweselać *impf.*, (zabawiam, -a), zabawić, rozweselić *pf.*	za-**ba**-vyach, roz-ve-**se**-lach
amusing	zabawny	za-**bav**-ni
ancient	starożytny	sta-ro-**zhit**-ni
and	i	ee
angry	zły	zwi
animal	zwierzę	**zvye**-zhe^n
ankle	kostka	**kost**-ka
another	inny	**een**-ni
answer	odpowiedź	ot-**po**-vyedge
answer (to)	odpowiadać *impf.*, odpowiedzieć *pf.* (odpowiadam, -a)	ot-po-**vya**-dach, ot-po-**vye**-dgech
antique	antyk	**an**-tik
any	jakikolwiek	ya-kee-**kol**-vyek
anyone	ktokolwiek	kto-**kol**-vyek
anything	cokolwiek	tzo-**kol**-vyek
anywhere	gdziekolwiek	gdge-**kol**-vyek
apartment	apartament, pokój	a-par-**ta**-ment, **po**-kooy
apologize (to)	przepraszać *impf.*, przeprosić *pf.* (przepraszam, -a)	pshe-**pra**-shach, pshe-**pro**-seech

appetite	apetyt	a-**pe**-tit
apple	jabłko	**yab**-wko
appointment	umówiony termin	oo-moo-**vyo-ni** **ter**-meen
April	kwiecień	**kfye**-cheny
architect	architekt	ar-**hee**-tekt
architecture	architektura	ar-hee-tek-**too-ra**
arm	ramię	**ra**-mee-e^n
armchair	fotel	**fo**-tel
arrange (to)	załatwiać *impf.*, załatwić *pf.* (załatwiam, -a)	za-**wat**-fyach, za-**wat**-feech
arrival	przybycie, przyjazd	pshi-**bi**-che, **pshi**-yazd
arrive (to)	przybywać, przyjeżdżać *impf.* (przyjeżdżam, -a) przybyć, przyjechać *pf.*	pshi-**bi**-vach, pshi-**yezh**-jach **pshi**-bich, pshi-**ye**-hach
art	sztuka	**shtoo**-ka
art gallery	galeria sztuki	ga-le-rya **shtoo**-kee
artist	artysta *m*, artystka *f*	ar-**tis**-ta, ar-**tist**-ka
as much as	tyle ile	**ti**-le ee-le
as soon as	jak tylko	yak-**til**-ko

as well	równie dobrze	**roov**-nye **dob**-zhe
ashtray	popielniczka	po-pyel-**neech**-ka
ask (to)	pytać się *impf.*, zapytać się *pf.* (pytam się, -a)	**pi**-tach she^n za-**pi**-tach she^n
asleep	we śnie	ve-**shnye**
aspirin	aspiryna	as-pee-**ri**-na
at	w (+ *loc.*), przy (+ *loc.*), u (+ *gen.*)	v, pzhi, oo
at last	nareszcie	na-**resh**-che
at once	natychmiast	na-**tih**-myast
atmosphere	atmosfera	at-mos-**fe**-ra
attention	uwaga	oo-**va**-ga
August	sierpień	**sher**-pyeny
aunt	ciotka	**chot**-ka
Australia	Australia	a-oos-**tra**-lya
Australian *adj.*	australijski (-a)	a-oo-stra-**leey**-skee
Australian *noun*	Australijczyk *m*, Australijka *f*	a-oo-stra-**leey**-chik, a-oo-stra-**leey**-ka
author	autor	a-oo-tor
autumn	jesień	**ye**-sheny
available	do nabycia, do dyspozycji	do na-**bi**-cha, do di-spo-**zits**-yee

| awake | przebudzony | pshe-boo-**dzo**-ni |
| away | z dala, w oddaleniu | z **da**-la, v od-da-le-nee-oo |

B

baby	niemowlę, dziecko	nye-**mov**-le^n, **dge**-tsko
back *noun*	plecy	**ple**-tsi
back *adv.*	do tyłu, z powrotem	do **ti**-woo, s pov-**ro**-tem
bad	zły, bolesny	zwi, bo-**les**-ni
bad *food*	zepsuty, nieświeży	ze-**psoo**-ti nye-**shvye**-zhi
bag	torba	**tor**-ba
baker	piekarz	**pye**-kazh
balcony	balkon	**bal**-kon
ball *dance*	bal	bal
ball *sport*	piłka	**peew**-ka
ballpoint pen	długopis	dwoo-**go**-pees
ballet	balet	**ba**-let
banana	banan	**ba**-nan
band *music*	orkiestra	or-**kyes**-tra
bandage	bandaż	**ban**-dazh
bank	bank	bank

bar	bar	bar
barber	fryzjer	**fri**-zyer
basket	koszyk	**ko**-shik
bath	wanna	**van**-na
bathe (to)	kąpać się *impf.*, wy- *pf.* (kąpię się, -e)	**ko**ⁿ-pach syeⁿ
bathing cap	czepek kąpielowy	**che**-pek koⁿ-pye-**lo**-vi
bathing costume	kostium kąpielowy	**kos**-tyoom koⁿ-pye-**lo**-vi
bathing trunks	spodenki kąpielowe	spo-**den**-kee koⁿ-pye-**lo**-ve
bathroom	łazienka	wa-**zyen**-ka
battery	bateria	ba-**ter**-ya
bay	zatoka	za-**to**-ka
be (to)	być (jestem, jest)	bich
beach	plaża	**pla**-zha
beard	broda	**bro**-da
beautiful	piękny	**pye**ⁿ-kni
because	ponieważ	po-**nye**-vazh
bed	łóżko	**woozh**-ko
bedroom	sypialnia	si-**pyal**-nya
beer	piwo	**pee**-vo

before	przed	pshed
begin (to)	zaczynać *impf.*, zacząć *pf.* (zaczynam, -a)	za-**chi**-nach za-**cho**^{n}ch
beginning	początek	po-**cho**^{n}-tek
behind	za (+ *instr.*), z tyłu (+ *gen.*)	za, **sti**-woo
believe (to)	wierzyć *impf.*, uwierzyć *pf.* (wierzę, -y)	**vye**-zhich, oo-**vye**-zhich
bell	dzwon, dzwonek	dsvon, **dsvo**-nek
belong (to)	należeć (należę, -y)	na-**le**-zhech
below	pod (+ *instr.*)	pod
belt	pasek	**pa**-sek
berth	miejsce do spania	**myey**-stse do **spa**-nya
best	najlepszy	nay-**lep**-shi
better	lepszy	**lep**-shi
between	między (+ *instr.* or *acc.*)	**mye**^{n}-dsi
bicycle	rower	**ro**-ver
big	duży	**doo**-zhi
bill	rachunek	ra-**hoo**-nek
bird	ptak	ptak

birthday	urodziny	u-ro-**dsee**-ni
bite (to)	gryźć *impf*., ugryźć *pf*. (gryzę, -ie)	grizhch, **u**-grizhch
black	czarny	**char**-ni
blanket	koc	kots
bleach (to)	wybielać, rozjaśniać *impf*., (wybielam, rozjaśniam, -a) wybielić, rozjaśnić *pf*.	vi-**bye**-lach, roz-**yash**-nyach vi-**bye**-leech, roz-**yash**-neech
bleed (to)	krwawić (krwawię, -i)	**krva**-veech
blister	pęcherz	**pe**ⁿ-hezh
blood	krew	krev
blouse	bluzka	**blooz**-ka
blue	niebieski	nye-**byes**-kee
(on) board	na statku	na **stat**-koo
boarding house	pensjonat	pen-**syo**-nat
boat	łódź	woodge
body	ciało	**cha**-wo
bone	kość	koshch
book	książka	**ksho**ⁿ-zhka
book (to)	rezerwować *impf*., za- *pf*. (rezerwuję, -e)	re-zer-**vo**-vach

booking office	kasa biletowa	**ka**-sa bee-le-**to**-va
bookshop	księgarnia	ksheⁿ-**gar**-nya
borrow (to)	pożyczać od *impf.* (+ *gen.*) pożyczyć *pf.* (pożyczam, -a)	po-**zhi**-chach, po-**zhi**-chich
both	obaj *m*, obie *f*, oba *n*	**o**-bay, **o**-bye, **o**-ba
bottle	butelka	boo-**tel**-ka
bottle opener	klucz do otwierania butelek	klooch do o-tvye-**ra**-nya boo-**te**-lek
bottom	dno	dno
bowl	misa, miseczka	**mee**-sa, mee-**sech**-ka
box	pudełko	poo-**dew**-ko
box office	kasa treatralna	**ka**-sa te-at-**ral**-na
boy	chłopiec	**hwo**-pyets
bracelet	bransoletka	bran-so-**let**-ka
braces	szelki	**shel**-kee
brandy	koniak	**ko**-nyak
brassiere	biustonosz	byoo-**sto**-nosh
bread	chleb	hleb
break (to)	łamać, rozbijać *impf.*, z-, rozbić *pf.* (łamię, -e, rozbijam, -a)	**wa**-mach, roz-**bee**-yach, **roz**-beech

breakfast	śniadanie	shnya-**da**-nye
breathe (to)	oddychać (oddycham, -a)	od-**di**-hach
bridge	most	most
briefs	kalesony	ka-le-**so**-ni
bright	jasny	**yas**-ni
bring (to)	przynosić *impf.*, przynieść *pf.* (przynosze, -si)	pshi-**no**-sheech, **pshi**-nyeshch
British	brytyjski (-a)	bri-**tiy**-skee
broken	złamany, rozbity	zwa-**ma**-ni, roz-**bee**-ti
brooch	broszka	**brosh**-ka
brother	brat	brat
brown	brązowy	bro^n-**zo**-vi
bruise	siniec	**see**-nyets
bruise (to)	posiniaczyć	po-see-**nya**-chich
brush	szczotka	**shchot**-ka
bucket	wiaderko	vya-**der**-ko
build (to)	budować *impf.*, z- *pf.* (buduję, -e)	boo-**do**-vach
building	budynek	boo-**di**-nek
buoy	boja	**bo**-ya

burn (to)	palić *impf.*, spalić *pf.* (palę, -i) parzyć *impf.*, s- *pf.* (parzę, -y)	**pa**-leech, **spa**-leech **pa**-zhich
burst (to)	rozrywać, wybuchać *impf.*, rozerwać, wybuchnąć *pf.* (rozrywam, -a)	roz-**ri**-vach, vi-**boo**-zhach, ro-**zer**-vach, vi-**booh**-non-ti
bus	autobus	a-oo-**to**-boos
bus stop	przystanek autobusowy	pshi-**sta**-nek a-oo-to-boo-**soo-vi**
business	sprawa, interes	**spra**-va, in-**te**-res
busy	zajęty	za-**yen**-ti
but	ale	**a**-le
butane gas	gaz butanowy	gaz boo-ta-**no-vi**
butcher	rzeźnik	**zhezh**-neek
butter	masło	**mas**-wo
button	guzik	**goo**-zeek
buy (to)	kupować *impf.*, kupić *pf.* (kupuję -e)	koo-**po**-vach **koo**-peech
by	przy (+ *instr.*), przez (+ *acc.*)	pshi, pshez

C

cabin	kabina, kajuta	ka-**bee**-na, ka-**yoo**-ta

cable	telegram	te-**le**-gram
cafe	kawiarnia	ka-**vyar**-nya
cake	ciastko, placek	**chast**-ko, **pla**-tsek
call (to) *summon*	wołać *impf.*, za- *pf.* (wołam, -a)	**vo**-wach
call (to) *visit*	odwiedzać *impf.*, odwiedzić *pf.* (odwiedzam, -a)	od-**vye**-dsach, od-**vye**-dseech
camera	aparat fotograficzny	a-**pa**-rat fo-to-gra-**feech**-ni
camp (to)	rozbijać obóz (rozbijam, -a)	roz-**bee**-yach **o**-booz
camp site	miejsce kampingowe	**myeys**-tse kam-peen-**go**-ve
can (to be able)	móc (mogę, moż)	moots
can *tin*	puszka	**poosh**-ka
Canada	Kanada	ka-**na**-da
Canadian *adj.*	kanadyjski (-a),	ka-na-**diy**-skee,
Canadian *noun*	Kanadyjczyk *m*, Kanadyjka *f*	ka-ne-**diy**-chik, ka-na-**diy**-ka
cancel (to)	unieważniać *impf.*, unieważnić *pf.* (unieważniam, -a)	oo-nye-**vazh**-nyach, oo-nye-**vazh**-neech
canoe	kajak	**ka**-yak

cap	czapka	**chap**-ka
capital city	stolica	sto-**lee**-tsa
car	samochód, wóz	sa-**mo**-hood, vooz
car park	parking	**par**-king
carafe	karafka	ka-**raf**-ka
caravan	przyczepka mieszkalna przy samochodzie	**pshi**-chep-ka myesh-**kal**-na pshi sa-mo-**ho**-dgye
careful	ostrożny	os-**trozh**-ni
carry (to)	nieść *impf.*, przy- *pf.* (niosę, -e)	nyeshch, **pshi**-
cash (to)	spieniężać *impf.*, spieniężyć *pf.* (spieniężam, -a)	spye-**nye**^{n}-zhach, spye-**nye**^{n}-zhich
cashier	kasjer	**kas**-yer
casino	kasyno	ka-si-no
castle	zamek	**za**-mek
cat	kot	kot
catalogue	katalog	ka-ta-log
catch (to)	łapać, *impf.*, z- *pf.* (łapię, -e)	**wa**-pach
cathedral	katedra	ka-**ted**-ra
catholic	katolik	ka-to-leek
cave	jaskinia, grota	jas-**kee**-nya, **gro**-ta

centre	centrum	**tsen**-troom
century	wiek	vyek
ceremony	ceremonia	tse-re-**mo**-nya
certain	pewny	**pev**-ni
chair	krzesło	**kshe**-swo
chambermaid	pokojowa	po-ko-**yo**-va
champagne	szampan	**sham**-pan
(small) change	drobne	**drob**-ne
change (to)	zmieniać, przesiadać się *impf.*, zmienić, przesiąść się *pf.* (zmieniam, -a przesiadam się, -a)	**zmye**-nyach, pzhe-**sha**-dach shen, **zmye**-neech, pzhe-**shon**-shch shen
charge	opłata	o-**pwa**-ta
charge (to)	liczyć, pobierać *impf.*, po-, pobrać *pf.* (liczę, -y, pobieram, -a)	**lee**-chich, po-**bye**-rach, **po**-brach
cheap	tani	**ta**-nee
check (to)	sprawdzać *impf.*, sprawdzić *pf.*, (sprawdzam, -a)	**sprav**-dsach, **sprav**-dseech
cheek	policzek	po-**lee**-chek
cheese	ser	ser

chemist	aptekarz	**ap-te**-kazh
cheque	czek	chek
chest *anat.*	klatka piersiowa	**klat**-ka pyer-**sho**-va
chest *furniture*	skrzynia	**skshi**-nya
chicken	kurczak	**koor**-chak
child	dziecko	**dge**-tsko
chill *noun*	zaziębienie	za-zhe^n-**bye**-nye
chin	podbródek	pod-**broo**-dek
china	porcelana	por-tse-**la**-na
chocolate	czekolada	che-ko-**la**-da
Christmas	Boże Narodzenie	**bo**-zhe na-ro-**dse**-nye
church	kościół	**kosh**-choow
cider	jabłecznik	ya-**bwech**-neek
cigar	cygaro	tsi-**ga**-ro
ciragette	papieros	pa-**pye**-ros
cigarette case	papierośnica	pa-pye-rosh-**nee**-tsa
cigarette lighter	zapalniczka	za-pal-**neech**-ka
cine camera	kamera filmowa	ka-**me**-ra feel-**mo**-va
cinema	kino	**kee**-no
circus	cyrk	tsirk
city	miasto	**mya**-sto
clean (to)	czyścić *impf.*, wy- *pf.* (czyszczę, -ści)	**chi**-shcheech, vi-

clean	czysty	**chi**-sti
cliff	urwisko	oor-**vees**-ko
cloakroom	szatnia, garderoba	**shat**-nya, gar-de-**ro**-ba
clock	zegar	**ze**-gar
close (to)	zamykać *impf.*, zamknąć *pf.* (zamykam, -a)	za-**mi**-kach, **zam**-kno^{n}ch
closed	zamknięty	zam-**knye**^{n}-ti
cloth	materiał	ma-**ter**-yaw
clothes	ubranie	oo-**bra**-nye
coach	autokar	a-oo-**to**-kar
coast	wybrzeże	vi-**bzhe**-zhe
coat	płaszcz	pwashch
coffee	kawa	**ka**-va
coin	moneta	mo-**ne**-ta
cold *adj.*	zimny	**zee**-mni
cold *noun*	przeziębienie	pzhe-zhe^n-**bye**-nye
collar	kołnierz, kołnierzyk	**kow**-nyezh, kow-**nye**-zhik
colour	kolor	**ko**-lor
colour film	film kolorowy	feelm ko-lo-**ro**-vi

colour rinse	płukanka do włosów	pwoo-**kan**-ka do **vwo**-soov
comb	grzebień	**gzhe**-byeny
come (to)	przychodzić *impf.*, przyjść *pf.* (przychodzę, -i)	pzhi-**ho**-dseech, pzhiyshch
comfortable	wygodny	vi-**god**-ni
compartment *train*	przedział	**pshe**-dgaw
complain (to)	składać zażalenie *impf.*, złożyć *pf.* (składam . . . , -a)	**skwa**-dach za-zha-**le**-nye, **zwo**-zhich
complete	całkowity	tsaw-ko-**vee**-ti
concert	koncert	**kon**-tsert
conductor *bus*	konduktor	kon-**dook**-tor
conductor *orchestra*	dyrygent	di-**ri**-gent
congratulations	gratulacje	gra-too-**la**-tsye
connection *train, etc.*	połączenie	po-won-**che**-nye
consul	konsul	**kon**-sool
consulate	konsulat	kon-**soo**-lat
contain (to)	zawierać (zawieram, -a)	za-**vye**-rach
convenient	dogodny	do-**god**-ni
convent	klasztor	**klash**-tor
conversation	rozmowa	roz-**mo**-va

cook	kucharz, kucharka	**koo**-hazh, koo-**har**-ka
cook (to)	gotować *impf.*, u- *pf.* (gotuję, -e)	go-**to**-vach, oo-
cool	chłodny	**hwod**-ni
copper	miedź	myedg
cork	korek	**ko**-rek
corkscrew	korkociąg	kor-**ko**-chong
corner	róg	roog
correct	prawidłowy	pra-veed-**wo**-vi
corridor	korytarz	ko-**ri**-tazh
cosmetics	kosmetyki	kos-me-**ti**-kee
cost	koszt	kosht
cost (to)	kosztować (kosztuję, -e)	kosh-**to**-vach
cotton	bawełna	ba-**vew**-na
cotton wool	wata	**va**-ta
couchette	kuszetka	koo-**shet**-ka
cough	kaszel	**ka**-shel
count (to)	liczyć *impf.*, po- *pf.* (liczę, -y)	**lee**-chich, po-
country *nation*	kraj	kray
country (side)	wieś	vyesh
course *dish*	danie	**da**-nye
cousin	kuzyn, kuzynka	**koo**-zin, koo-**zin**-ka

cramp	skurcz	skoorch
cream	śmietana	shmye-**ta**-na
cream *cosmetic*	krem	krem
cross	krzyż	kzhizh
cross (to)	przechodzić przez (+ *acc.*) *impf.*, przejść *pf.* (przechodzę, -i)	pshe-**ho**-dseech pshez, psheyshch
crossroads	skrzyżowanie	skzhi-zho-**va**-nye
cufflinks	spinki do mankietów	**speen**-kee do man-**kye**-toov
cup	filiżanka	fee-lee-**zhan**-ka
cupboard	kredens, szafa	**kre**-dens, **sha**-fa
cure (to)	leczyć *impf.*, wy- *pf.* (leczę, -y)	le-**chich**, vi-
curl	lok	lok
current	aktualny	ak-too-**al**-ni
curtain	kurtyna, firanka	koor-**ti**-na, fee-**ran**-ka
cushion	poduszka	po-**doosh**-ka
custard	krem (z mleka i jaj)	krem
customs	cło, urząd celny	tswo, **oo**-zhoⁿd **tsel**-ni
customs officer	celnik	**tsel**-neek

| cut | skaleczenie | ska-le-**che**-nye |
| cut (to) | kaleczyć się; krajać *impf.*, s-, ukroić *pf.* (kroję, -i) | ka-le-chich sheⁿ; **kra**-yach, oo-**kro**-eech |

D

daily	codzienny	tso-**dgen**-ni
damaged	uszkodzony	oo-shko-**dzo**-ni
damp	wilgotny	veel-**got**-ni
dance	taniec	**ta**-nyets
dance (to)	tańczyć (tańczę, -y)	**tany**-chich
danger	niebezpieczeństwo	nye-bez-pye-**cheny**-stvo
dangerous	niebezpieczny	nye-bez-**pyech**-ni
dark	ciemny	**chem**-ni
date *calendar*	data	**da**-ta
daughter	córka	**tsoor**-ka
day	dzień	dzheny
dead	nieżywy, martwy	nye-**zhi**-vi, **mar**-tvi
deaf	głuchy	**gwoo**-hi
dear	drogi	**dro**-gee
December	grudzień	**groo**-dgeny
deckchair	leżak	**le**-zhak

declare (to)	deklarować *impf.*, za-*pf.*, zgłaszać *impf.*, zgłosić *pf.* (zgłaszam, -a)	de-kla-**ro**-vach, **zgwa**-shach, **zgwo**-sheech
deep	głęboki	gwe^n-**bo**-kee
delay	opóźnienie	o-poozh-**nye**-nye
deliver (to)	dostarczać *impf.* dostarczyć *pf.* (dostarczam, -a)	dos-**tar**-chach, dos-**tar**-chich
delivery	doręczenie, dostawa	do-re^n-**che**-nye, dos-**ta**-va
demi-pension	częściowe utrzymanie	che^n-**shcho**-ve oo-tzhi-**ma**-nye
dentist	dentysta	den-**tis**-ta
deodorant	krem dezodoro	krem de-zo-**do**-ro
depart (to)	odchodzić, odjeżdżać *impf.*, odejść, odjechać *pf.* (odchodzę, -i, odjeżdżam, -a)	od-**ho**-dzeech, od-**yezh**-dzhach, **o**-deyshch, od-**ye**-hach
department	oddział	**od**-dgaw
department store	dom towarowy	dom to-va-**ro**-vi
departure	odjazd	**od**-yazd
detour	objazd	**ob**-yazd

develop (to) *film*	wywoływać *impf.*, wywołać *pf.* (wywołuję, -e)	vi-vo-**wi**-vach, vi-**vo**-wach
diamond	diament, brylant	**dya**-ment, **bri**-lant
dictionary	słownik	**swov**-neek
diet	dieta	**dye**-ta
diet (to)	być na diecie	bich na **dye**-che
different	inny	**een**-ni
difficult	trudny	**trood**-ni
dine (to)	jeść obiad *impf.*, z- *pf.* (jem, je obiad)	yeshch **o**-byad
dining room	jadalnia	ya-**dal**-nya
dinner	obiad	**o**-byad
direction	kierunek	kye-**roo**-nek
dirty	brudny	**brood**-ni
discotheque	dyskoteka	dis-ko-te-ka
dish	potrawa	po-**tra**-va
disinfectant	środek dezynfekujący	**shro**-dek de-zin-fe-koo-**yo**^{n}-tsi
distance	odległość	od-**leg**-woshch
disturb (to)	przeszkadzać *impf.*, przeszkodzić *pf.* (przeszkadzam, -a)	pshe-**shka**-dzach, pshe-**shko**-dgeech

dive (to)	nurkować (nuɪkuję, -e)	noor-**ko**-vach
diving board	trampolina	tram-po-**lee**-na
divorced	rozwiedziony	roz-vye-**dzho**-ni
dizzy	cierpiący na zawroty głowy	cher-pyo^{n}-tsi na zav-**ro**-ti **gwo-vi**
do (to)	robić *impf.*, z- *pf.* (robię, -i)	**ro**-beech
dock (to)	dokować *impf.*, za- *pf.* (dokuję, -e)	do-**ko**-vach
doctor	doktor	**dok**-tor
dog	pies	pyes
doll	lalka	**lal**-ka
dollar	dolar	**do**-lar
door	drzwi	dzhvee
double	podwójny, dwuosobowy	pod-**vooy**-ni, dvoo-o-so-**bo**-vi
double bed	łóżko dwuosobowe	**woozh**-ko dvoo-o-so-**bo**-ve
double room	pokój dwuosobowy	**po**-kooy dvoo-o-so-**bo**-vi
down (stairs)	na dole	na **do**-le
dozen	tuzin	**too**-zeen
drawer	szuflada	shoof-**la**-da

dress	suknia	**sook**-nya
dressmaker	krawcowa	kraf-**tso**-va
drink (to)	pić *impf.*, wy- *pf.* (piję, -e)	peech, vi-
drinking water	woda do picia	**vo**-da do **pee**-cha
drive (to)	prowadzić samochód (prowadzę . . . , -i)	pro-**va**-dzeech sa-**mo**-hood
driver	kierowca	kye-**rof**-tsa
driving licence	prawo jazdy	**pra**-vo **yaz**-di
dry	suchy, wytrawny	**soo**-hi, vi-**trav**-ni
dry cleaner	pralnia chemiczna	**pral**-nya he-**meech**-na
duck	kaczka	**kach**-ka
during	podczas (+ *gen.*)	**pod**-chas

E

each	każdy	**kazh**-di
ear	ucho	**oo**-ho
earache	ból ucha	bool **oo**-ha
early	wcześnie	**fchesh**-nye
earrings	kolczyki	kol-**chi**-kee
east	wschód	fs-hood
Easter	Wielkanoc	vyel-**ka**-nots

easy	łatwy	**wat**-vi
eat (to)	jeść *impf.*, z- *pf.* (jem, je)	yeshch
egg	jajko	**yay**-ko
elastic	elastyczny	e-las-**tich**-ni
elbow	łokieć	**wo**-kyech
electric light bulb	żarówka	zha-**roof**-ka
electric point	kontakt	**kon**-takt
elevator	winda	**veen**-da
embassy	ambasada	am-ba-**sa**-da
emergency exit	wyjście (drzwi) zapasowe	**viy**-shche za-pa-so-ve
empty	pusty	**poos**-ti
end	koniec	**ko**-nyets
engine	motor, silnik	**mo**-tor, **sheel**-neek
England	Anglia	**an**-glya
English *adj.*	angielski (-a)	an-**gyel**-skee
English *noun*	Anglik *m*, Angielka *f*	**an**-gleek, an-**gyel**-ka
enlargement	powiększenie	po-vyen-**kshe**-nye
enough	dosyć, wystarczająco	**do**-sich, vis-tar-cha-yon-tso
enquiries	informacja	in-for-**ma**-tsya

entrance	wejście	**vey**-shche
envelope	koperta	ko-**per**-ta
equipment	wyposażenie	vi-po-sa-**zhe**-nye
Europe	Europa	e-oo-**ro**-pa
evening	wieczór	**vye**-choor
every	każdy	**kazh**-di
everybody	każdy	**kazh**-di
everything	wszystko	**vshist**-ko
everywhere	wszędzie	**vshe**n-dge
example	przykład	**pshi**-kwad
except	oprócz (+ *gen.*)	**o**-prooch
excess	nadmiar, nadwaga	**nad**-myar, nad-**va**-ga
exchange (bureau)	wymiana waluty	vi-**mya**-na va-**loo**-ti
exchange rate	kurs	koors
excursion	wycieczka	vi-**chech**-ka
exhibition	wystawa	vi-**sta**-va
exit	wyjście	**viy**-shche
expect (to)	oczekiwać, spodziewać się (oczekuję, -e, spodziewam się, -a)	o-che-**kee**-vach, spo-**dge**-vach shen
expensive	drogi	**dro**-gee

express	ekspres	**eks**-pres
express train	pociąg ekspresowy	**po**-choⁿg eks-pre-**so**-vi
eye	oko	**o**-ko
eye shadow	puder/krem do oczu	**poo**-der/krem do **o**-choo

F

face	twarz	tvazh
face cream	krem do twarzy	krem do **tva**-zhi
face powder	puder	**poo**-der
factory	fabryka	fa-**bri**-ka
faint (to)	mdleć *impf.*, ze- *pf.* (mdleję, -e)	mdlech
fair *colour*	jasny	**yas**-ni
fall (to)	upadać *impf.*, upaść *pf.* (upadam, -a)	oo-**pa**-dach, **oo**-pashch
family	rodzina	ro-**dgee**-na
far	daleko	da-**le**-ko
fare	opłata	o-**pwa**-ta
farm	gospodarstwo rolne	gos-po-dar-stvo **rol**-ne
farther	dalej	**da**-ley
fashion	moda	**mo**-da

fast	szybki	**ship**-kee
fat	tłusty	**twoos**-ti
father	ojciec	**oy**-chets
fault	błąd	bwo^{n}d
February	luty	**loo**-ti
feel (to)	czuć	chooch
fetch (to)	przynosić, przyprowadzać *impf.* (przynoszę, -si), przynieść, przyprowadzić *pf.* (przyprowadzam, -a)	pshi-**no**-seech, pshi-pro-**va**-dzach, **pshi**-nyeshch, pshi-pro-**va**-dzeech
(a) few	kilka	**keel**-ka
field	pole	**po**-le
fill (to)	wypełniać *impf.*, wypełnić *pf.* (wypełniam, -a)	vei-**pew**-nyach, vei-**pew**-neech
film	film	feelm
find (to)	znajdywać *impf.*, znaleźć *pf.* (znajduję, -e)	znay-**di**-vach, **zna**-lezhch
fine *adj.*	wspaniały.	fspa-**nya**-wi
fine *noun*	grzywna	**gzhi**-vna
finger	palec	**pa**-lets

finish (to)	kończyć *impf.*, s- *pf.* (kończę, -y)	**kony**-chich
finished	skończony	skony-**cho**-ni
fire	ogień, pożar	**o**-gyeny, **po**-zhar
first	pierwszy	**pyerf**-shi
first class	pierwsza klasa	**pyerf**-sha **kla**-sa
fish	ryba	**ri**-ba
fish (to)	łowić ryby	**wo**-veech **ri**-bi
fisherman	rybak	**ri**-bak
fishmonger	sklep rybny	sklep **rib**-ni
fit (to)	pasować (pasuję, -e)	pa-**so**-vach
flag	flaga	**fla**-ga
flat	mieszkanie	myesh-**ka**-nye
flat	płaski	**pwas**-kee
flight	lot	lot
flint *lighter*	krzemień	**kzhe**-myeny
flood	powódź	**po**-voodg
floor *storey*	piętro	pye^n-tro
floor	podtoga	po-**dwo**-ga
floor show	kabaret	ka-**ba**-ret
florist	kwiaciarnia	kfya-**char**-nya
flower	kwiat	kfyat
fly	mucha	**moo**-ha

fly (to)	lecieć *impf.*, po- *pf.* (lecę, -i)	**le**-chech, po-
follow (to)	iść, jechać za *impf.*, pójść, po- *pf.* (+ *instr.*) (idę, idzie, jadę jedzie)	eeshch, **ye**-hach za, pooyshch
food	żywność	**zhiv**-noshch
foot	stopa	**sto**-pa
football	piłka nożna	**peew**-ka **nozh**-na
footpath	ścieżka	**shchezh**-ka
for	dla (+ *gen.*), na (+ *acc.*)	dla, na
forehead	czoło	**cho**-wo
forest	las, puszcza	las, **poosh**-cha
forget (to)	zapominać *impf.*, zapomnieć *pf.* (zapominam, -a)	za-po-**mee**-nach, za-**pom**-nyech
fork	widelec	vee-**de**-lets
forward	naprzód	**na**-pshood
forward (to)	przesyłać *impf.*, przesłać *pf.* (przesyłam, -a)	pshe-**si**-wach, **pshe**-swach
fracture	złamanie, pęknięcie	zwa-**ma**-nye, pe^n-**knye**^{n}-che

fragile	delikatny	de-lee-**kat**-ni
free	wolny	**vol**-ni
fresh	świeży	**shvye**-zhi
fresh water	słodka woda	**swoł**-ka **vo**-da
Friday	piątek	**pyo**ⁿ-tek
friend	przyjaciel	pshi-**ya**-chel
from	od (+ *gen.*), z (+ *gen.*)	od, z
front	przód, front	pshood, front
frontier	granica	gra-**nee**-tsa
frozen	zamarznięty	za-mar-**znye**ⁿ-ti
fruit	owoce	o-**vo**-tse
fruiterer	sklep owocowo- warzywny	sklep o-vo-**tso**-vo va-**zhiv**-ni
fruit juice	sok owocowy	sok o-vo-**tso**-vi
full	pełny	**pew**-ni
full board	pełne utrzymanie	**pew**-ne oo-tshi-**ma**-nye
funny	śmieszny	**shmyesh**-ni
fur	futro	**foo**-tro
G		
gallery	galeria	ga-**ler**-ya
gamble (to)	uprawiać hazard (uprawiam, -a)	oo-**pra**-vyach **ha**-zard

game	gra	gra
garage	garaż	**ga**-razh
garden	ogród	**o**-grood
garlic	czosnek	**chos**-nek
gas	gaz	gaz
gate	brama	**bra**-ma
gentlemen	panowie	pa-**no**-vye
Germany	Niemcy	**nyem**-tsi
German *adj.*	niemiecki	nye-**mye**-tskee
German *noun*	Niemka *f.*	**nyem**-ka,
	Niemiec, *m.*	**nye**-myets
get (to)	dostawać *impf.*, dostać	dos-**ta**-vach,
	pf. (dostaję, -e)	**dos**-tach
get off (to)	wysiadać *impf.*,	vi-**sha**-dach,
	wysiąść *pf.*	**vi**-sho^{n}shch
	(wysiadam, -a)	
get on (to)	wsiadać *impf.*, wsiąść	**fsha**-dach,
	pf. (wsiadam, -a)	fsho^{n}shch
gift	podarunek	po-da-**roo**-nek
girdle	pas do pończoch	pas do **pony**-choh
girl	dziewczyna	dgev-**chi**-na
give (to)	dawać *impf.*, dać *pf.*	**da**-vach, dach
	(daję, -e)	
glad	zadowolony	za-do-vo-**lo**-ni

glass	szkło, szklanka	shkwo, **shklan**-ka
glasses	okulary	o-koo-**la**-ri
glove	rękawiczka	re^n-ka-**veech**-ka
go (to)	iść *impf.*, pójść *pf.* (idę, idzie)	eeshch, pooyshch
God	Bóg	boog
gold	złoto, złoty	**zwo**-to, **zwo**-ti
good	dobry	**do**-bri
good-bye	do widzenia	do-vee-**dze**-nya
good day, morning	dzień dobry	dgeny **do**-bri
good evening	dobry wieczór	**do**-bri vye-choor
good night	dobranoc	do-**bra**-nots
government	rząd	zho^{n}d
granddaughter	wnuczka	**vnoo**-chka
grandfather	dziadek	**dga**-dek
grandmother	babka	**bab**-ka
grandson	wnuk	vnook
grape	winogrono	vee-no-**gro**-no
grass	trawa	**tra**-va
grateful	wdzięczny	**vdge**^{n}-chni
great	wielki	**vyel**-kee
green	zielony	zhe-**lo**-ni
greengrocer	sklep warzywny	sklep va-**zhiv**-ni

grey	szary	**sha**-ri
grocer	sklep spożywczy	sklep spo-**zhiv**-chi
guarantee	gwarancja	gva-**ran**-tsya
guest	gość	goshch
guide	przewodnik	pzhe-**vod**-neek
guide book	przewodnik (książka)	pzhe-**vod**-neek (**ksho**n-zhka)

H

hair	włosy	**vwo**-si
hair brush	szczotka do włosów	**shchot**-ka do **vwo**-soov
haircut	ostrzyżenie	os-tzhi-**zhe**-nye
hairdresser	fryzjer	**fri**-zyer
hairpin	szpilka do włosów	**shpeel**-ka do **vwo**-soov
half	połowa	po-**wo**-va
half fare	pół biletu	poow bee-**le**-too
ham	szynka	**shin**-ka
hand	ręka	**re**n-ka
handbag	torebka	to-**rep**-ka
handkerchief	chusteczka do nosa	hoos-**tech**-ka do **no**-sa
hanger	wieszak	**vye**-shak

happen (to) *impersonal*	zdarzyć się (zdarza się – *3rd sing.*)	**zda**-zhich sheⁿ
happy	szczęśliwy	shcheⁿ-**shlee**-vi
harbour	port	port
hard	ciężki, twardy	**che**ⁿ-zhkee, **tvar**-di
hat	kapelusz	ka-**pe**-loosh
have (to)	mieć (mam, ma)	myech
he	on	on
head	głowa	**gwo**-va
headache	ból głowy	bool **gwo**-vi
headwaiter	kierownik sali	kye-**rov**-neek **sa**-lee
health	zdrowie	**zdro**-vye
hear (to)	słyszeć *impf.*, u- *pf.* (słyszę, -y)	swi-**shech** oo-
heart	serce	**ser**-tse
heat	gorąco, upał	go-roⁿ-tso, oo-**paw**
heating	ogrzewanie	o-gzhe-**va**-nye
heavy	ciężki	**che**ⁿ-zhkee
heel *foot*	stopa	**sto**-pa
heel *shoe*	obcas	**ob**-tsas
help	pomoc	**po**-mots
help (to)	pomagać *impf.*, pomóc *pf.* (pomagam, -a)	po-**ma**-gach, **po**-moots

her *pron.*	jej	yey
her *adj.*	jej	yey
here	tutaj	**too**-tay
high	wysoki	vi-**so**-kee
hill	wzgórze	**vzgoo**-zhe
him	jego – *acc.*, jemu – *dat.*	ye-go, ye-moo
hip	biodro	**byo**-dro
hire (to)	wynająć *pf.* (wynajmuję,-e)	vi-**na**-yon ch
his	jego	**ye**-go
hitch-hike (to)	jechać autostopem (jadę, jedzie)	**ye**-hach a-oo-to-**sto**-pem
holiday	wakacje, urlop	va-**ka**-tsye, **oor**-lop
(at) home	w domu	v **do**-moo
honey	miód	myood
hors d'oeuvres	zakąski	za-**kon**-skee
horse	koń	kony
horse races	wyścigi konne	vi-**shchee**-gee **kon**-ne
hospital	szpital	**shpee**-tal
hot	gorący	go-**ron**-tsi
hotel	hotel	**ho**-tel
hotel keeper	kierownik hotelu	kye-**rov**-neek ho-**te**-lu

hot water bottle	termofor	ter-**mo**-for
hour	godzina	go-**dzee**-na
house	dom	dom
how?	jak?	yak
how much, many?	ile?	**ee**-le
hungry (to be)	być głodnym	bich **gwo**-dnim
hurry (to)	śpieszyć się (śpieszę się, -y)	**chpye**-shich she^n
hurt (to)	boleć	**bo**-lech
husband	mąż	mo^{n}zh

I

I	ja	ya
ice	lód	lood
ice cream	lody	**lo**-di
if	jeżeli	ye-**zhe**-lee
ill	chory	**ho**-ri
illness	choroba	ho-**ro**-ba
immediately	natychmiast	na-**tih**-myast
important	ważny	**vazh**-ni
in	w (+ *instr.*)	v

include (to)	włączać, wliczać *impf.*, włączyć, wliczyć *pf.* (włączam, wliczam, -a)	**vwon**-chach, **vlee**-chach, **vwon**-chich, **vlee**-chich
included	wliczony	vlee-**cho**-ni
inconvenient	niewygodny, kłopotliwy	nye-vi-**god**-ni, kwo-pot-**lee**-vi
incorrect	błędny	**bwend**-ni
indigestion	niestrawność	nye-**strav**-noshch
information	informacja	een-for-**ma**-tsya
ink	atrament	a-**tra**-ment
inn	gospoda	gos-**po**-da
insect	insekt, owad	**een**-sekt, **o**-vad
insect bite	pokąszenie przez insekty	po-kon-**she**-nye pshez in-**sek**-ti
insect repellent	płyn przeciw komarom	pwin **pshe**-chiv ko-**ma**-rom
inside	wewnątrz, w środku	vev-**nonch**, f **shroł**-koo
instead	zamiast	**za**-myast
insurance	ubezpieczenie	oo-bes-pye-**che**-nye
insure (to)	ubezpieczać *impf.*, ubezpieczyć *pf.* (ubezpieczam, -a)	oo-bes-**pye**-chach, oo-bes-**pye**-chich

interesting	ciekawy	che-**ka**-vi
interpreter	tłumacz	**twoo**-mach
into	do (+ *gen.*)	do
introduce (to)	przedstawiać *impf.*, przedstawić *pf.* (przedstawiam, -a)	pshet-**sta**-vyach, pshet-**sta**-veech
invitation	zaproszenie	za-pro-**she**-nye
invite (to)	zapraszać *impf.*, zaprosić *pf.*, (zapraszam, -a)	za-**pra**-shach, za-**pro**-sheech
Ireland	Irlandia	eer-**lan**-dya
Irish *adj.*	irlandzki (-a)	eer-**landz**-kee
Irish *noun*	Irlandczyk *m*, Irlandka *f*	eer-**land**-chik, eer-**land**-ka
iron (to)	prasować *impf.*, u- *pf.* (prasuję, -e)	pra-**so**-vach, oo-
island	wyspa	**vis**-pa
it	to, ono	to, **o**-no

J

jacket	żakiet, marynarka	**zha**-kyet, ma-ri-**nar**-ka
jam	dżem	dzhem
January	styczeń	**sti**-cheny

jar	słoik	**swo**-eek
jaw	szczęka	shche^n-ka
jelly fish	meduza	me-**doo**-za
jeweller	sklep z biżuterią	sklep z bee-zhoo-**ter**-yo^n
jewellery	biżuteria	bee-zhoo-**ter**-ya
journey	podróż	**pod**-roozh
juice	sok	sok
July	lipiec	**lee**-pyets
jumper	sweter	**sve**-ter
June	czerwiec	**cher**-vyets

K

keep (to)	trzymać *impf.*, za- *pf.* (trzymam, -a, zatrzymuję, -e)	**tshi**-mach za-
key	klucz	klooch
kind	dobry, uprzejmy	**dob**-ri, oop-**shey**-mi
king	król	krool
kitchen	kuchnia	**kooh**-nya
knee	kolano	ko-**la**-no
knickers/briefs	majtki, reformy	**mayt**-kee, re-**for**-mi
knife	nóż	noozh

| know (to) *fact* | wiedzieć (wiem, wie) | **vye**-dgech |
| know (to) *person* | znać (znam, zna) | znach |

L

label	etykieta, nalepka	e-ti-**kye**-ta, na-**lep**-ka
lace	koronka	ko-**ron**-ka
ladies	damski, dla kobiet, dla pań	**dam**-skee, dla **ko**-byet, pany
lake	jezioro	ye-**zho**-ro
lamp	lampa	**lam**-pa
landlord	gospodarz	gos-**po**-dazh
lane	pas ruchu	pas **roo**-hoo
language	język	ye^n-zik
large	duży	**doo**-zhi
last	ostatni	os-**tat**-nee
late	późny	**poozh**-ni
laugh (to)	śmiać się (śmieję się, -e)	**shmyach** she^n
laundry	pralnia	**pral**-nya
lavatory	ubikacja, ustęp, klozet, toaleta	oo-bee-**ka**-tsya, **oo**-ste^{n}p, **klo**-zet, to-a-le-ta
lavatory paper	papier toaletowy	**pa**-pyer to-a-le-**to**-vi

law	prawo	**pra**-vo
laxative	środek przeczyszczający	**shro**-dek pshe-chish-cha-yo^n-tsi
lead (to)	prowadzić	pro-**va**-dzeech
learn (to)	uczyć się *impf.*, na- *pf.* (uczę się, -y)	**oo**-chich she^n, na-
leather	skóra	**skoo**-ra
leave (to) *abandon*	zostawiać *impf.*, zostawić *pf.* (zostawiam, -a)	zos-**ta**-vyach, zos-**ta**-veech
leave (to) *go away*	odchodzić *impf.*, odejść *pf.* (odchodzę, -i)	ot-**ho**-dzeech, **o**-deyshch
left	lewy, na lewo	**le**-vi, na **le**-vo
left luggage	przechowalnia bagażu	pshe-ho-**val**-nya ba-**ga**-zhoo
leg	noga	**no**-ga
lemon	cytryna	tsi-**tri**-na
lemonade	lemoniada	le-mo-**nya**-da
lend (to)	pożyczać *impf.*, pożyczyć *pf.* (+ *dat.*) (pożyczam, -a)	po-**zhi**-chach, po-**zhi**-chich
length	długość	**dwoo**-goshch

less	mniej	mnyey
let (to) *rent*	wynajmować *impf.*, wynająć *pf.* (wynajmuję, -e)	vi-nay-**mo**-vach, vi-**na**-yon ch
let (to) *allow*	pozwalać *impf.*, pozwolić *pf.* (pozwalam, -a)	poz-**va**-lach, poz-**vo**-leech
letter	list	leest
lettuce	zielona sałata	zhe-**lo**-na sa-**wa**-ta
library	biblioteka	bee-bleeo-**te**-ka
life	życie	**zhi**-che
lift	winda	**vin**-da
light	światło	**shvyat**-wo
light	lekki	**lek**-kee
lighter fuel	benzyna do zapalniczek	ben-**zi**-na do za-pal-**nee**-chek
lighthouse	latarnia morska	la-**tar**-nya **mor**-ska
like (to)	lubić (lubię, -i)	**loo**-bich
like (to) *wish*	chcieć (chcę, -e)	hchech
linen	bielizna	bye-**leez**-na
lip	warga	**var**-ga
lipstick	szminka	**shmeen**-ka
listen (to)	słuchać (słucham, -a)	**swoo**-hach

little *amount*	mało, trochę	**ma**-wo, **tro**-he^n
little *size*	mały	**ma**-wi
live (to)	żyć, mieszkać (żyję, -e, mieszkam, -a)	zhich, **myesh**-kach
loaf	bochenek	bo-**he**-nek
local	miejscowy	myey-**stso**-vi
lock	zamek	**za**-mek
long	długi	**dwoo**-gee
look (to)	patrzeć (patrzę, -y)	**pa**-tzhech
look (to) *seem*	wyglądać (wyglądam -a)	vi-**glo**^{n}-dach
look for (to)	szukać (szukam, -a)	**shoo**-kach
lorry	ciężarówka	che^n-zha-**roof**-ka
lose (to)	gubić *impf.*, z- *pf.* (gubię, -i)	**goo**-bich
lost property office	biuro rzeczy znalezionych	**byoo**-ro zhe-chi zna-le-**zho**-nih
loud	głośny	**gwosh**-ni
lovely	śliczny	**shleech**-ni
low	niski	**nees**-kee
luggage	bagaż	**ba**-gazh
lunch	obiad	**o**-byad

M

magazine	czasopismo	cha-so-**pees**-mo
maid	pokojowa	po-ko-**yo**-va
mail	poczta	**poch**-ta
main street	główna ulica	**gwoov**-na oo-**lee**-tse
make (to)	robić *impf.*, z- *pf.* (robię, -i)	**ro**-bich
make-up	makijaż	ma-**kee**-yazh
man	mężczyzna	me^{n}zh-**chiz**-na
manager	kierownik	kye-**rov**-neek
manicure	manicure	ma-**nee**-kyoor
many	dużo	**doo**-zho
map	mapa	**ma**-pa
March	marzec	**ma**-zhets
market	rynek	**ri**-nek
marmalade	marmelada	mar-me-**la**-da
married	żonaty *m*, mężatka *f*	zho-**na**-ti, me^n-**zhat**-ka
Mass	msza	msha
match	zapałka	za-**paw**-ka
match *sport*	mecz	mech
material	materiał	ma-**ter**-yaw

mattress	materac	me-**te**-rats
May	maj	may
me	mnie, mi	mnye, mee
meal	posiłek	po-**shee**-wek
measurements	wymiary	vi-**myar**-ei
meat	mięso	**mye**^{n}-so
medicine	lekarstwo	le-**kar**-stvo
meet (to)	spotykać *impf.*, spotkać *pf.* (spotykam, -a)	spo-**ti**-kach, **spot**-kach
mend (to)	naprawiać *impf.*, naprawić *pf.* (naprawiam, -a)	na-**pra**-vyach, na-**pra**-veech
menu	jadłospis, menu	ya-**dwo**-spees, **me**-nyoo
message	wiadomość	vya-**do**-moshch
metal	metal	**me**-tal
midday	południe	po-**wood**-nye
middle	środek	**shro**-dek
midnight	północ	**poow**-nots
mild	łagodny	wa-**god**-ni
milk	mleko	**mle**-ko
mineral water	woda mineralna	**vo**-da mee-ne-**ral**-na
minute	minuta	mee-**noo**-ta

mirror	lustro	**loos**-tro
Miss	panna	**pan**-na
miss (to) *train, etc.*	spóźniać się *impf.*, spóźnić się *pf.* (na + *acc.*)	**spoozh**-nyach she^n, **spoozh**-neech she^n
mistake	pomyłka	po-**miw**-ka
modern	nowoczesny	no-vo-**ches**-ni
moment	moment	**mo**-ment
monastery	klasztor	**klash**-tor
Monday	poniedziałek	po-nye-**dga**-wek
money	pieniądze	pye-**nyo**^{n}-dze
month	miesiąc	**mye**-sho^{n}ts
monument	pomnik	**pom**-neek
more	więcej	**vye**^{n}-tsey
morning	rano	**ra**-no
mosquito	komar	**ko**-mar
mother	matka	**mat**-ka
motor	motor, silnik	**mo**-tor, **sheel**-neek
motor boat	motorówka	mo-to-**roof**-ka
motor cycle	motocykl	mo-**to**-tsikl
motor racing	wyścigi samochodowe	vish-**chee**-gee sa-mo-ho-**do**-ve
motorway	autostrada	a-oo-to-**stra**-da

mountain	góra	**goo**-ra
mouth	usta	**oos**-ta
Mr	pan	pan
Mrs	pani	**pa**-nee
much	dużo	**doo**-zho
museum	muzeum	moo-ze-oom
mushroom	pieczarka	pye-**char**-ka
music	muzyka	moo-**zi**-ka
mustard	musztarda	moosh-**tar**-da
my, mine	mój *m*, moja *f*, moje *n*	mooy, **mo**-ya, **mo**-ye

N

nail *finger*	paznokieć	paz-**no**-kyech
nailbrush	szczotka do paznokci	**shchot**-ka do paz-**nok**-chee
nailfile	pilnik do paznokci	**peel**-neek do paz-**nok**-chee
name	imię	**ee**-mye^n
napkin	serwetka	ser-**vet**-ka
nappy	pieluszka	pye-**loosh**-ka
narrow	wąski	vo^{n}s-kee
near	bliski	**blees**-kee

necessary	potrzebny	po-**tsheb**-ni
neck	szyja	**shi**-ya
necklace	naszyjnik	na-**shiy**-neek
need (to)	potrzebować (potrzebuję, -e)	po-tshe-**bo**-vach
needle	igła	**ee**-gwa
never	nigdy	**neeg**-di
new	nowy	**no**-vi
news	wiadomości	vya-do-**mosh**-chee
newsagent	Ruch	rooh
newspaper	gazeta	ga-**ze**-ta
next	następny	nas-**te**ⁿ**p**-ni
nice	miły	**mee**-wi
night	noc	nots
nightclub	lokal nocny	**lo**-kal **nots**-ni
nightdress	koszula nocna	ko-**shoo**-la **nots**-na
no	nie	nye
nobody	nikt	neekt
noisy	hałaśliwy	ha-wash-**lee**-vi
none	żaden *m*, żadna *f* żadne *n*	**zha**-den, **zhad**-na, **zhad**-ne
north	północ	**poow**-nots
nose	nos	nos

not	nie	nye
note	notatka	no-**tat**-ka
notebook	notes	**no**-tes
nothing	nic	neets
notice	zawiadomienie, ostrzeżenie	za-vya-do-**mye**-nye, os-tshe-**zhe**-nye
notice (to)	zauważyć *pf.* (zauważam, -a)	za-oo-**va**-zhich
novel	powieść	**po**-vyeshch
November	listopad	lee-**sto**-pad
number	numer	**noo**-mer
nurse	pielęgniarka	pye-le^{n}g-**nyar**-ka
nut	orzech	**o**-zheh
nylon	nylon	**ni**-lon

O

occupied	zajęty	za-ye^n-ti
ocean	ocean	o-**tse**-an
October	październik	pazh-**dger**-neek
odd *strange*	dziwny	**dgeev**-ni
office	biuro	**byoo**-ro
official	urzędnik	oo-**zhe**^{n}d-neek
often	często	**che**^{n}s-to

oil	olej	**o**-ley
ointment	maść	mashch
old	stary	**sta**-ri
olive	oliwka	o-**leef**-ka
on	na (+ *instr.*)	na
once	raz	raz
only	tylko	**til**-ko
open (to)	otwierać *impf.*, otworzyć *pf.* (otwieram, -a)	ot-**fye**-rach, ot-**fo**-zhich
open *p.p.*	otwarte	ot-**far**-te
opera	opera	o-**pe**-ra
operation	operacja	o-pe-**ra**-tsya
opposite *adj.*	przeciwny	pshe-**chiv**-ni
adv.	naprzeciwko	na-pshe-**chiv**-ko
optician	optyk	**op**-tik
or	albo	**al**-bo
orange	pomarańcza	po-ma-**rany**-cha
orchestra	orkiestra	or-**kyest**-ra
order (to)	zamawiać *impf.*, zamówić *pf.* (zamawiam, -a)	za-**ma**-vyach, za-**moo**-veech
ordinary	zwyczajny	zvi-**chay**-ni
other	inny	**een**-ni

our, ours	nasz *m*, nasza *f*, nasze *n*	nash, **na**-sha, **na**-she
out(side)	na zewnątrz	na **zev**-noⁿtsh
out of order	nieczynny	nye-**chin**-ni
over	nad (+ *instr.*)	nad
overcoat	płaszcz	pwashch
over there	tam	tam
owe (to)	być winnym	bich **veen**-nim
owner	właściciel	vwash-**chee**-chel

P

pack (to)	pakować *impf.*, s- *pf.* (pakuję, -e)	pa-**ko**-vach
packet	paczka	**pach**-ka
page	strona	**stro**-na
paid	opłacony	o-pwa-**tso**-ni
pain	ból	bool
paint (to)	malować *impf.*, po- *pf.* (maluję, -e)	ma-**lo**-vach, po-
painting	obraz	**o**-braz
pair	para	**pa**-ra
palace	pałac	**pa**-wats
pale	blady	**bla**-di
paper	papier	**pa**-pyer

paraffin	parafina	pa-ra-**fee**-na
parcel	paczka	**pach**-ka
park (to)	parkować *impf.*, za- *pf.* (parkuję, -e)	par-**ko**-vach, za-
park	park	park
part	część	che^{n}shch
parting *hair*	przedziałek	pshe-**dga**-wek
pass (to)	mijać *impf.*, minąć *pf.* (mijam, -a)	**mee**-yach, **mee**-no^{n}ch
passenger	pasażer	pa-**sa**-zher
passport	paszport	**pash**-port
path	ścieżka	**shchezh**-ka
patient	pacjent	**pats**-yent
pavement	chodnik	**hod**-neek
pay (to)	płacić *impf.*, za- *pf.* (płacę, -i)	**pwa**-cheech, za-
peach	brzoskwinia	bzho-**skvee**-nya
pear	gruszka	**groosh**-ka
pearl	perła	**per**-wa
peas	groszek	**gro**-shek
pedestrian	pieszy	**pye**-shi
pen	pióro	**pyoo**-ro
(fountain) pen	wieczne pióro	**vyech**-ne **pyoo**-ro

pencil	ołówek	o-**woo**-vek
penknife	scyzoryk	stsi-**zo**-rik
people	ludzie	**loo**-dge
pepper	pieprz	pyepsh
performance	przedstawienie	pshed-sta-**vye**-nye
perfume	perfumy	per-**foo**-mi
perhaps	być może	bich **mo**-zhe
perishable	psujący się	psoo-**yo**^{n}-tsi she^n
perm	trwała ondulacja	**trva**-wa on-doo-**la**-tsya
permit	pozwolenie	poz-vo-**le**-nye
permit (to)	pozwalać *impf.*, pozwolić *pf.* (pozwalam, -a)	poz-**va**-lach, poz-**vo**-lich
person	osoba	o-**so**-ba
personal	osobisty	o-so-**bees**-ti
petrol	benzyna	ben-**zi**-na
petrol can	kanister	ka-**nees**-ter
petrol station	stacja benzynowa	**sta**-tsya ben-zi-**no**-va
photograph	fotografia	fo-to-**gra**-fya
photographer	fotograf	fo-**to**-graf
piano	pianino	pya-**nee**-no

picnic	majówka, posiłek na świeżym powietrzu	ma-**yoof**-ka, po-**shee**-wek na **shvye**-zhim po-**vye**-tshoo
piece	kawałek	ka-**va**-wek
pillow	poduszka	po-**doosh**-ka
pin	szpilka	**shpeel**-ka
(safety) pin	agrafka	a-**graf**-ka
pineapple	ananas	a-**na**-nas
pink	różowy	roo-**zho**-vi
pipe	fajka	**fay**-ka
place	miejsce	**myeys**-tse
plain	prosty, jednolity	**pros**-ti, ye-dno-**lee**-ti
plan	plan	plan
(adhesive) plaster	plaster opatrunkowy	**pla**-ster o-pat-roon-**ko**-vi
plastic	plastikowy	plas-tee-**ko**-vi
plate	talerz	**ta**-lezh
platform	peron	**pe**-ron
play (to)	bawić się (bawię się, -i)	**ba**-vich she^n
play	sztuka	**shtoo**-ka
please	proszę	**pro**-she^n

plug *electric*	wtyczka	**ftich**-ka
plug *bath*	korek	**ko**-rek
plum	śliwka	**shleef**-ka
pocket	kieszeń	**kye**-sheny
point	punkt	poonkt
Poland	Polska	**pol**-ska
Polish *adj.*	polski	**pol**-skee
Polish *noun*	Polak *m*, Polka *f*	**po**-lak, **pol**-ka
policeman	milicjant	mee-**lee**-tsyant
police station	komisariat	ko-mee-**sar**-yat
poor	biedny	**byed**-ni
pope	papież	**pa**-pyezh
popular	popularny	po-poo-**lar**-ni
port	port	port
porter	bagażowy	ba-ga-**zho**-vi
possible	możliwy	mozh-**lee**-vi
post (to)	wysyłać pocztą *impf.*, wysłać pocztą *pf.* (wysyłam, -a)	vi-**si**-wach **poch**-to^n **vi**-swach
post box	skrzynka na listy	**skshin**-ka na **lees**-ti
postcard	pocztówka	poch-**toof**-ka
postman	listonosz	**lees**-to-nosh
post office	poczta	**poch**-ta

poste restante	poste restante	**pos**-te res-**tan**-te
potato	ziemniak	**zhem**-nyak
pound	funt	foont
powder	puder	**poo**-der
prefer (to)	woleć (wolę, -i)	**vo**-lech
prepare (to)	przygotowywać *impf.*, przygotować *pf.* (przygotowuję, -e)	pshi-go-to-**vi**-vach pshi-go-**to**-vach
prescription	recepta	re-**tsep**-ta
present *gift*	prezent	**pre**-zent
press (to)	naciskać *impf.*, nacisnąć *pf.* (naciskam, -a)	na-**chees**-kach, na-**chees**-no^{n}ch
pretty	ładny	**wad**-ni
price	cena	**tse**-na
private	prywatny	pri-**vat**-ni
problem	problem	**prob**-lem
profession	zawód	**za**-vood
programme	program	**pro**-gram
promise (to)	obiecywać *impf.*, obiecać *pf.* (obiecuję, -e)	obye-**tsi**-vach, **obye**-tsach
pull (to)	ciągnąć *impf.*, po- *pf.* (ciągnę, -ie)	cho^{n}g-no^{n}ch

pure	czysty, bez domieszki	**chis**-ti, bez do-**myesh**-kee
purse	portmonetka	port-mo-**net**-ka
push (to)	pchać *impf.*, popchnąć *pf.* (pcham, -a)	phach, pop-hno^{n}ch
put (to)	kłaść *impf.*, położyć *pf.* (kładę, -dzie)	kwashch, po-**wo**-zhich
pyjamas	pidżama	pee-**dzha**-ma

Q

quality	jakość	**ya**-koshch
quantity	ilość	**ee**-loshch
quarter *measure*	ćwiartka	**chvyart**-ka
quarter *time*	kwadrans	**kfa**-drans
queen	królowa	kroo-**lo**-va
question	pytanie	pi-**ta**-nye
quick	szybki	**ship**-kee
quiet	spokojny	spo-**koy**-ni

R

race	wyścig	**vish**-cheeg
racecourse	tor wyścigowy	tor vi-shchee-**go**-vi
radiator	kaloryfer	ka-lo-**ri**-fer

radio	radio	**ra**-dyo
railway	kolej	**ko**-ley
rain	deszcz	deshch
(it is) raining	pada deszcz	**pa**-da deshch
raincoat	płaszcz nieprzemakalny	pwashch nye-pshe-ma-**kal**-ni
rare	rzadki	**zhał**-kee
raw	surowy	soo-**ro**-vi
razor	brzytwa	**bzhit**-fa
razor blade	żyletka	zhi-**let**-ka
read (to)	czytać *impf.*, prze- *pf.* (czytam, -a)	chi-**tach**, pshe-
ready	gotowy	go-**to**-vi
real	prawdziwy	**prav**-dgeevi
really	naprawdę	na-**prav**-de^n
reason	przyczyna	pshi-ch'ʲ-na
receipt	pokwitowanie	po-kfee-to-**va**-nye
receive (to)	otrzymywać *impf.*, otrzymać *pf.* (otrzymuję, -e)	o-tshi-**mi**-vach, o-**tshi**-mach
recent	ostatni, niedawny	os-**tat**-nee, nye-**dav**-ni

recommend (to)	polecać, *impf.*, polecić *pf.* (polecam, -a)	po-**le**-tsach, po-**le**-cheech
record	płyta	**pwi**-ta
red	czerwony	cher-**vo**-ni
refreshments	bufet	**boo**-fet
register (to)	meldować *impf.*, za- *pf.* (melduję, -e)	mel-**do**-vach, za-
registered mail	poczta polecona	**poch**-ta po-le-**tso-na**
remember (to)	pamiętać *impf.*, za- *pf.* (pamiętam, -a)	pa-**mye**n-tach, za-
rent (to)	wynajmować *impf.*, wynająć *pf.* (wynajmuję, -e)	vi-nay-**mo**-vach, vi-**na**-yonch
repair (to)	naprawiać *impf.*, naprawić *pf.*, (naprawiam. -a)	na-**pra**-vyach, na-**pra**-veech
repeat (to)	powtarzać *impf.*, powtórzyć *pf.* (powtarzam, -a)	pof-**ta**-zhach, pof-**too**-zhich
reply (to)	odpowiadać *impf.*, odpowiedzieć *pf.* (odpowiadam, -a)	ot-po-**vya**-dach, ot-po-**vye**-dgech
reply paid	z zapłaconą odpowiedzią	z za-pwa-**tso**-non od-po-**vye**-dgon
reservation	rezerwacja	re-zer-**va**-tsya

reserve (to)	rezerwować *impf.*, za- *pf.* (rezerwuję, -e)	re-zer-**vo**-vach, za-
reserved	zarezerwowany	za-re-zer-vo-**va**-ni
restaurant	restauracja	res-taw-**ra**-tsya
restaurant car	wagon restauracyjny	**va**-gon res-taw-ra-tsiy-ni
return (to)	wracać *impf.*, wrócić *pf.* (wracam, -a)	**vra**-tsach, **vroo**-cheech
rib	żebro	**zhe**-bro
ribbon	wstążka	**fsto**^{n}-zhka
rice	ryż	rizh
right	prawy	**pra**-vi
ring	pierścionek	pyer-**shcho**-nek
river	rzeka	**zhe**-ka
road	droga	**dro**-ga
rock	skała	**ska**-wa
roll *bread*	bułka	**boow**-ka
room	pokój	**po**-kooy
rope	lina, sznur	**lee**-na, shnoor
round	okrągły	o-**kro**^{n}-gwi
rowing boat	łódź wiosłowa	woodg vyo-**swo**-va
rubber	guma	**goo**-ma

rubbish	śmieci	**shmye**-chee
run (to)	biec *impf.*, po- *pf.*, (biegnę, -ie)	byech, po-
Russia	Rosja	**ro**-sya
Russian	rosyjski (-a), Rosjanin, *m* Rosjanka *f*	ro-**siy**-skee, ros-**ya**-neen, ros-**yan**-ka

S

safe	bezpieczny	bes-**pyech**-ni
salad	sałata	sa-**wa**-ta
salesgirl	ekspedientka	eks-ped-**yent**-ka
salesman	ekspedient	eks-**ped**-yent
salt	sól	sool
salt water	morski	**mor**-skee
same	ten sam, ta sama, to samo	ten **sam**, ta **sa**-ma, to **sa**-mo
sand	piasek	**pya**-sek
sandals	sandały	san-**da**-wi
sandwich	kanapka	ka-**nap**-ka
sanitary towel	podpaska higieniczna	pod-**pas**-ka hee-gye-**neech**-na
Saturday	sobota	so-**bo**-ta
sauce	sos	sos

saucer	spodek	**spo**-dek
sausage	kiełbasa	kyew-**ba**-sa
say (to)	mówić *impf.*, powiedzieć *pf.* (mówię, -i)	**moo**-veech, po-**vye**-dgech
scald (to)	parzyć *impf.*, o- *pf.* (parzę-y)	o-**pa**-zhich
scarf	szalik	**sha**-leek
scent	zapach	**za**-pah
school	szkoła	**shko**-wa
scissors	nożyczki	no-**zhich**-kee
Scotland	Szkocja	**shkots**-ya
Scottish	szkocki	**shkots**-kee
sculpture	rzeźba	**zhezh**-ba
sea	morze	**mo**-zhe
seasick	cierpiący na chorobę morską	cher-pyo^n-tsi na ho-**ro**-be^n **mor**-sko^n
season	sezon	**se**-zon
seat	miejsce	**myeys**-tse
second	drugi	**droo**-gee
second class	druga klasa	**droo**-ga **kla**-sa
sedative	środek uspokajający	**shro**-dek oos-po-ka-ya-**yo**^{n}-tsi

see (to)	widzieć (widzę, -i)	**vee**-dgech
seem (to)	wydawać się (wydaję się, -e się)	vi-**da**-vach she^n
self-service	samoobsługa	sa-mo-ob-**swoo**-ga
sell (to)	sprzedawać *impf.*, sprzedać *pf.* (sprzedaję, -e)	spshe-**da**-vach, **spshe**-dach
send (to)	posyłać *impf.*, posłać *pf.* (posyłam, -a)	po-**si**-wach, **pos**-wach
separate	oddzielny	od-**dgel**-ni
September	wrzesień	**vzhe**-sheny
serious	poważny	po-**vazh**-ni
serve (to)	obsługiwać *impf.*, obsłużyć *pf.* (obsługuję, -e)	ob-swoo-**gee**-vach, ob-**swoo**-zhich
service	obsługa	ob-**swoo**-ga
service *church*	nabożeństwo	na-bo-**zheny**-stfo
set *hair*	ułożenie włosów	oo-wo-**zhe**-nye **vwo**-soov
several	kilka	**keel**-ka
sew (to)	szyć *impf.*, u- *pf.* (szyję, -e)	shich, oo-
shade *colour*	odcień	**od**-cheny
shade *shadow*	cień	cheny

shallow	płytki	**pwit**-kee
shampoo	szampon	**sham**-pon
shape	kształt	kshtawt
share (to)	dzielić *impf.*, po- *pf.* (dzielę, -i)	**dge**-leech
sharp	ostry	**os**-tri
shave (to)	golić (się) *impf.*, o- (się) *pf.* (golę, -i)	**go**-leech, o-
shaving brush	pędzel do golenia	**pe**n-dzel do go-**le**-nya
shaving cream	mydło do golenia	**mi**-dwo do go-**le**-nya
she	ona	**o**-na
sheet	prześcieradło	pshesh-che-**rad**-wo
shell	muszla	**moosh**-la
shine (to)	świecić, *impf.*, za- *pf.* (świecę, – i)	**shvye**-cheech, za-
ship	statek, okręt	**sta**-tek, o-kre^{n}t
shipping line	linia okrętowa	**lee**-nya o-kre^{n}-**to**-va
shirt	koszula	ko-**shoo**-la
shoe	but	boot
shoelace	sznurowadło	shnoo-ro-**va**-dwo
shoe shop	obuwie	o-**boo**-vye
shoe repairs	naprawa obuwia	na-**pra**-va o-**boo**-vya

shop	sklep	sklep
short	krótki	**kroot**-kee
shorts	szorty	**shor**-ti
shoulder	ramię	**ra**-mye^n
show	pokaz	**po**-kaz
show (to)	pokazywać *impf.*, pokazać *pf.* (pokazuję, -e)	po-ka-**zi**-vach, po-**ka**-zach
shower	prysznic	**prish**-neets
shut (to)	zamykać *impf.*, zamknąć *pf.* (zamykam, -a)	za-**mi**-kach, **zam**-kno^{n}ch
shut *p.p.*	zamknięte	zam-**knye**^{n}-te
sick	chory	**ho**-ri
side	strona	**stro**-na
sightseeing	zwiedzanie	zvye-**dza**-nye
silk	jedwab	**yed**-vab
silver	srebro	**sre**-bro
simple	prosty	**pros**-ti
single	pojedynczy, jednoosobowy	po-ye-**din**-chi, yed-no-o-so-**bo**-vi
single room	pokój jednoosobowy	**po**-kooy
sister	siostra	**shos**-tra
sit (to)	siadać *impf.*, usiąść *pf.* (siadam, -a)	**sha**-dach, **oo**-sho^{n}shch

sit down (to)	usiąść *pf.* (siedzę, -i)	**oo**-shoⁿshch
size	rozmiar	**roz**-myar
ski (to)	jeździć na nartach (jeżdżę, -i)	**yehz**-dgeech na **nar**-tah
skid (to)	pośliznąć się *pf.*	posh-**leez**-noⁿch sheⁿ
sky	niebo	**nye**-bo
sleep (to)	spać	spach
sleeper	wagon sypialny	**va**-gon si-**pyal**-ni
sleeping bag	śpiwór	**shpee**-voor
sleeve	rękaw	**re**ⁿ-kav
slice	kawałek	ka-**va**-wek
slip	halka	**hal**-ka
slippers	pantofle	pan-**tof**-le
slowly	powoli	po-**vo**-li
small	mały	**ma**-wi
smart	elegancki, szykowny	e-le-**gan**-tskee, shi-**kov**-ni
smell (to)	pachnieć *intrans.*, wąchać *trans.* (wącham, -a)	pah-nyech, voⁿ-hach
smoke (to)	palić *impf.*, za- *pf.* (palę, -i)	**pa**-leech, za-
smoking (compartment)	dla palących	dla pa-**lo**ⁿ-tsih

(no) smoking	dla niepalących	dla nye-pa-**lo**ⁿ-tsih
snack	przekąska	pshe-**ko**ⁿ-ska
snow	śnieg	shnyeg
(it is) snowing	pada śnieg	**pa**-da shnyeg
so	tak	tak
soap	mydło	**mi**-dwo
soap powder	proszek do prania	**pro**-shek do **pra**-nya
sock	skarpetka	skar-**pet**-ka
soda water	woda sodowa	**vo**-da so-**do**-va
sold	sprzedany	spshe-**da**-ni
sole *shoe*	podeszwa	po-**desh**-va
some	niektóre, trochę	nye-**ktoo**-re, **tro**-heⁿ
somebody	ktoś	ktosh
something	coś	tsosh
sometimes	czasem	**cha**-sem
somewhere	gdzieś	gdgesh
son	syn	sin
song	piosenka	pyo-**sen**-ka
soon	wkrótce	f**kroot**-tse
sorry	przepraszam	pshe-**pra**-sham
soup	zupa	**zoo**-pa
sour	kwaśny	k**fash**-ni

south	południe	po-**wood**-nye
souvenir	pamiątka	pa-**myon**t-ka
speak (to)	mówić (mówię, -i)	**moo**-veech
speciality	specjalność	spets-**yal**-noshch
speed	szybkość	**shib**-koshch
speed limit	ograniczenie szybkości	o-gra-nee-**che**-nye shib-**kosh**-chee
spend (to)	wydawać *impf.*, wydać *pf.* (wydaję, -e)	vi-**da**-vach vi-dach
spine	kręgosłup	kre^n-**go**-swoop
spoon	łyżka	**wish**-ka
sport	sport	sport
sprain	zwichnięcie	zveeh-**nye^n**-che
sprain (to)	zwichnąć *pf.*	**zveeh**-no^{n}ch
spring	wiosna	**vyos**-na
square *in town*	plac	plats
square *adj.*	kwadratowy	kva-dra-**to**-vi
stage	scena	**stse**-na
stain	plama	**pla**-ma
stained	poplamiony	po-pla-**myo**-ni
stairs	schody	s-**ho**-di
stale	nieświeży	nye-**shvye**-zhi
stalls	parter	**par**-ter

stamp	znaczek	**zna**-chek
stand (to)	stać (stoję, stoi)	stach
start (to)	zaczynać *impf.*, zacząć *pf.* (zaczynam, -a)	za-**chi**-nach, **za**-choⁿch
station	stacja	**stats**-ya
stationery	materiały piśmienne i biurowe	ma-ter-**ya**-wi pish-**myen**-ne ee byoo-**ro**-ve
statue	pomnik	**pom**-neek
stay (to)	zatrzymywać się *impf.*, zatrzymać się *pf.* (zatrzymuję się, -e)	za-tshi-**mi**-vach sheⁿ, za-**tshi**-mach sheⁿ
step	stopień	**sto**-pyeny
still	nieruchomy	nye-roo-**ho**-mi
sting	użądlić, ukłuć	oo-**zhoⁿ**-dleech, **oo**-kwooch
stocking	pończocha	pony-**cho**-ha
stolen	ukradziony	oo-kra-**dgo**-ni
stomach	żołądek	zho-**woⁿ**-dek
stone	kamień	**ka**-myeny
stop (to)	zatrzymywać (się) *impf.*, zatrzymać *pf.* (zatrzymuję sie, -e)	za-tshi-**mi**-vach, za-**tshi**-mach

store	magazyn	ma-**ga**-zin
straight	prosty	**pros**-ti
straight on	prosto	**pros**-to
strap	rzemień, pasek	**zhe**-myeny, **pa**-sek
strawberry	truskawka	troos-**kaf**-ka
stream	strumień	**stroo**-myeny
street	ulica	oo-**lee**-tsa
string	sznurek	**shnoo**-rek
strong	silny	**sheel**-ni
student	student	**stoo**-dent
style	styl, fason	stil, **fa**-son
suburb	przedmieście, peryferie	pshed-**myesh**-che, pe-ri-**fe**-rye
subway	przejście podziemne	**pshey**-schche pod-**zhem**-ne
suede	zamsz	zamsh
sugar	cukier	**tsoo**-kyer
suit *ladies'*	kostium	**kos**-tyoom
suit *men's*	garnittur	gar-**nee**-toor
suitcase	walizka	va-**leez**-ka
summer	lato	**la**-to
sun	słońce	**swony**-tse
sunbathing	opalanie się	o-pa-**la**-nye she^n

sunburn	poparzenie słoneczne	po-pa-**zhe**-nye swo-**nech**-ne
Sunday	niedziela	nye-**dge**-la
sunglasses	okulary słoneczne	o-koo-**la**-ri swo-**nech**-ne
sunhat	kapelusz słoneczny	ka-**pe**-loosh swo-**nech**-ni
sunshade	markiza	mar-**kee**-za
sunstroke	porażenie słoneczne	po-ra-**zhe**-nye swo-**nech**-ne
suntan cream	krem do opalania	krem do o-pa-**la**-nya
supper	kolacja	ko-**la**-tsya
supplementary charge	opłata dodatkowa	**o-pwa**-ta do-dat-**ko**-va
sure	pewny	**pev**-ni
surface mail	poczta zwykła	**poch**-ta zvik-wa
surgery	pokój przyjęć lekarza	**po**-kooy pshi-yench le-**ka**-zha
suspender belt	podwiązki	pod-vyon-zkee
sweater	sweter	**sve**-ter
sweet	słodki	**swot**-kee
sweets	słodycze	swo-**di**-che
swell (to)	puchnąć *impf.*, s- *pf.* (puchnę, -ie)	**pooh**-nonch

swim (to)	pływać (pływam, -a)	**pwi**-vach
swimming pool	basen pływacki	**ba**-sen pwi-**vats**-kee
switch *light*	kontakt	**kon**-takt
swollen	spuchnięty	spooh-**nye**ⁿ-ti

T

table	stół	stoow
tablecloth	obrus	**o**-broos
tablet	tabletka	tab-**let**-ka
tailor	krawiec	**kra**-vyets
take (to)	brać *impf.*, wziąć *pf.* (biorę, bierze)	brach, vzhoⁿch
talk (to)	mówić, rozmawiać (mówię, -i, rozmawiam, -a)	**moo**-veech, roz-**ma**-vyach
tall	wysoki	vi-**so**-kee
tap	kran	kran
taste	smak	smak
tax	podatek	po-**da**-tek
taxi	taksówka	tak-**soof**-ka
tea	herbata	her-**ba**-ta
teach (to)	uczyć *impf.*, na- *pf.* (uczę, -y)	**oo**-chich, na-

telegram	telegram	te-**le**-gram
telephone	telefon	te-**le**-fon
telephone (to)	telefonować *impf.*, za- *pf.* (telefonuję, -e)	te-le-fo-**no**-vach, za-
telephone box	budka telefoniczna	**boot**-ka te-le-fo-**neech**-na
telephone call	rozmowa telefoniczna	roz-**mo**-va te-le-fo-**neech**-na
telephone directory	książka telefoniczna	**ksho**ⁿzh-ka te-le-fo-**neech**-na
telephone number	numer telefonu	**noo**-mer te-le-**fo**-noo
telephone operator	telefonista *m*, telefonistka *f*	te-le-fo-**nees**-ta, te-le-fo-**neest**-ka
television	telewizja	te-le-**veez**-ya
tell (to)	powiedzieć *pf.*	po-**vye**-dgech
temperature	temperatura	tem-pe-ra-**too**-ra
tennis	tenis	**te**-nees
tent	namiot	**na**-myot
tent peg	kołek namiotowy	**ko**-wek na-myo-**to**-vi
tent pole	maszt	**mat**-za
terrace	taras	**ta**-ras
than	niż	neezh

thank you	dziękuję	dgeⁿ-**koo**-yeⁿ
that	tamten	**tam**-ten
theatre	teatr	**te**-atr
their, theirs	ich	eeh
them	im, ich	eem, eeh
then	potem, wtedy	**po**-tem, **fte**-di
there	tam	tam
there is	jest	yest
there are	są	soⁿ
thermometer	termometr	ter-**mo**-metr
these	te, ci	te, chee
they	oni, one	**o**-nee, **o**-ne
thick	gęsty, gruby	**geⁿs**-ti, **groo**-bi
thin	cienki, rzadki	**chen**-kee, **zhat**-kee
thing	rzecz	zhech
think (to)	myśleć (myślę, -i)	**mish**-lech
thirsty (to be)	być spragnionym	bich sprag-**nyo**-nim
this	ten, ta, to	ten, ta, to
those	tamci, tamte	**tam**-chee, **tam**-te
thread	nitka	**neet**-ka
throat	gardło	**gard**-wo
through	przez	pshez

throw (to)	rzucać *impf.*, rzucić *pf.* (rzucam, -a)	**zhoo**-tsach, **zhoo**-cheech
thumb	kciuk	kchook
Thursday	czwartek	**chvar**-tek
ticket	bilet	**bee**-let
tide	przypływ	**pshi**-pwiv
tie	krawat	**kra**-vat
tight	ciasny, szczelny	**chas**-ni, **shchel**-ni
time	czas	chas
timetable	rozkład jazdy	**roz**-kwad **yaz**-di
tin	puszka	**poosh**-ka
tin opener	przyrząd do otwierania puszek	**pshi**-zho^{n}d do ot-vye-**ra**-nya **poo**-shek
tip	napiwek	na-**pee**-vek
tip (to)	dać napiwek *pf.* (daję . . . , -e)	dach na-**pee**-vek
tired	zmęczony	zme^n-**cho**-ni
to	do	do
tobacco	tytoń	**ti**-tony
tobacco pouch	woreczek na tytoń	vo-re-**chek** na **ti**-tony
tobacconist	sklep tytoniowy	sklep ti-to-**nyo**-vi
today	dziś	dgeesh

toe	palec u nogi	**pa**-lets oo **no**-gee
together	razem	**ra**-zem
toilet	toaleta, ubikacja, ustęp, klozet	to-a-**le**-ta, oo-bee-**ka**-tsya, **oos**-te^{n}p, **klo**-zet
toilet paper	papier toaletowy	**pa**-pyer to-a-le-**to** ui
tomato	pomidor	po-**mee**-dor
tomorrow	jutro	**yoot**-ro
tongue	język	**ye**^{n}-zik
tonight	dziś wieczór	dgeesh **vye**-choor
too *excessive*	zbyt	zbit
too *also*	również	**roov**-nyezh
too much/many	za dużo	za **doo**-zho
tooth	ząb	zo^{n}b
toothache	ból zęba	bool **ze**^{n}-ba
toothbrush	szczoteczka do zębów	shcho-**tech**-ka do **ze**^{n}-boov
toothpaste	pasta do zębów	**pas**-ta do **ze**^{n}-boov
toothpick	wykałaczka	vi-ka-**wach**-ka
torch	latarka elektryczna	la-**tar**-ka e-lek-**trich**-na
torn	podarty	po-**dar**-ti

touch (to)	dotykać *impf.*, dotknąć *pf.* (dotykam, -a)	do-**ti**-kach, **dot**-knoⁿch
tourist	turysta	too-**ris**-ta
towards	w kierunku	fkye-**roon**-koo
towel	ręcznik	reⁿ**ch**-neek
tower	wieża	**vye**-zha
town	miasto	**myas**-to
toy	zabawka	za-**baf**-ka
traffic	ruch uliczny	rooh oo-**leech**-ni
traffic jam	korek, zator	**ko**-rek, **za**-tor
traffic lights	światła regulujące ruch uliczny	**shvyat**-wa re-goo-loo-**yo**ⁿ-tse rooh oo-**leech**-ni
train	pociąg	**po**-choⁿg
translate (to)	tłumaczyć *impf.*, prze- *pf.* (tłumaczę, -y)	twoo-**ma**-chich, pshe-
travel (to)	podróżować (podróżuję, -e)	po-droo-**zho**-vach
travel agent	biuro podróży	**byoo**-ro pod-**roo**-zhi
traveller	podróżny	pod-**roozh**-ni
travellers' cheques	czek podróżniczy	chek pod-roozh-**nee**-chi

treatment	leczenie	le-**che**-nye
tree	drzewo	**dzhe**-vo
trip	wycieczka	vi-**chech**-ka
trouble	kłopot	**kwo**-pot
trousers	spodnie	**spod**-nye
true	prawdziwy	praw-**dgee**-vi
trunk *luggage*	kufer	**koo**-fer
trunks	spodenki kąpielowe	spo-**den**-kee ko^n-pye-**lo**-ve
try, try on (to)	próbować, mierzyć *impf.*, s-, z- *pf.* (próbuję, -e, mierzę, -y)	proo-**bo**-vach, **mye**-zhich
Tuesday	wtorek	**fto**-rek
tunnel	tunel	**too**-nel
turn (to)	skręcać *impf.*, skręcić *pf.* (skręcam, -a)	skre^n-tsach, skre^n-cheech
turning	zakręt, przecznica	**za**-kre^{n}t, pshe-**chnee**-tsa
twisted	zwichnięty, skręcony	zveeh-**nye^n**-ti, skre^n-**tso**-ni
U		
ugly	brzydki	**bzhit**-kee
umbrella	parasol	pa-**ra**-sol

uncle	wujek	**voo**-yek
uncomfortable	niewygodny	nye-vi-**god**-ni
under	pod	pod
underground	podziemny	pod-**zhem**-ni
understand	rozumieć *impf.*, z- *pf.* (rozumiem, -e)	ro-**zoo**-myech
underwear	bielizna	bye-**leez**-na
university	uniwersytet	oo-nee-ver-**si**-tet
unpack (to)	rozpakować *pf.* (rozpakowuję, -e)	roz-pa-**ko**-vach
until	do (+ *gen.*)	do
unusual	niezwykły	nyez-**vik**-wi
up	w góre, do góry	v **goo**-re^n, do **goo**-ri
upstairs	na górze	na **goo**-zhe
urgent	pilny	**peel**-ni,
use (to)	używać *impf.*, użyć *pf.* (używam, -a)	oo-**zhi**-vach **oo**-zhich
usual	zwykły, normalny	**zvik**-wi, nor-**mal**-ni
USA	USA	oo-**ess**-a
USSR	ZSRR	zet-ess-**air**-air

V

| vacant | wolny, do wynajęcia | **vol**-ni, do-vi-na-**ye**^{n}-cha |

vaccination	szczepienie	shche-**pye**-nye
valid	ważny	**vazh**-ni
valley	dolina	do-**lee**-na
valuable	cenny, wartościowy	**tsen**-ni var-tosh-**cho-vi**
value	wartość	**var**-toshch
vase	wazon	**va**-zon
veal	cielęcina	che-le^n-**chee**-na
vegetables	jarzyny	ya-**zhi**-ni
vegetarian	jarski	**yar**-skee
veil	welon	**ve**-lon
vein	żyła	**zhi**-wa
ventilation	wentylacja	ven-ti-**la**-tsya
very, very much	bardzo	**bar**-dzo
vest	podkoszulek	pot-ko-**shoo**-lek
view	widok	**vee**-dok
village	wieś	vyesh
vinegar	ocet	**o**-tset
violin	skrzypce	**skship**-tse
visa	wiza	**vee**-za
visit	wizyta	vee-**zi**-ta

visit (to)	odwiedzać *impf.*, odwiedzić *pf.* (odwiedzam, -a)	od-**vye**-dzach, od-**vye**-dgeech
voice	głos	gwos
voltage	napięcie	na-**pye**ⁿ-che
vomit (to)	wymiotować *impf.*, z- *pf.* (wymiotuję, -e)	vi-myo-**to**-vach
voyage	podróż	**pod**-roozh

W

wait (to)	czekać *impf.*, za- *pf.* (czekam, -a)	**che**-kach
waiter	kelner	**kel**-ner
waiting room	poczekalnia	po-che-**kal**-nya
waitress	kelnerka	kel-**ner**-ka
wake (to)	budzić się *impf.*, z- *pf.* (budzę się, -i)	**boo**-dgeech sheⁿ
Wales	Walia	**val**-ya
walk (to)	spacerować (spaceruję, -e)	spa-tse-**ro**-vach
wallet	portfel	**port**-fel
want (to)	chcieć (chcę, -e)	hchech
wardrobe	szafa	**sha**-fa

warm	ciepły	**che**-pwi
wash (to)	myć (się) *impf.*, u- *pf.* myję, -e)	mich, oo
washbasin	umywalka	oo-mi-**val**-ka
watch	zegarek	ze-**ga**-rek
water	woda	**vo**-da
waterfall	wodospad	vo-**dos**-pad
water ski-ing	narty wodne	**nar**-ti **vod**-ne
wave	fala	**fa**-la
way	droga	**dro**-ga
we	my	mi
wear (to)	nosić *impf.*, nieść *pf.* (noszę, -si)	**no**-seech, nyeshch
weather	pogoda	po-**go**-da
Wednesday	środa	**shro**-da
week	tydzień	**ti**-dgeny
weigh (to)	ważyć *impf.*, z- *pf.* (ważę, -y)	**va**-zhich
well	dobrze	**dob**-zhe
Welsh	walijski	va-**leey**-ski
west	zachód	**za**-hood
wet	mokry	**mo**-kry
what?	co?	tso

wheel	koło	**ko**-wo
when?	kiedy?	**kye**-di
where?	gdzie?	gdge
which?	który *m*, która *f*, które *n*?	**ktoo**-ri, **ktoo**-ra, **ktoo**-re
while	podczas gdy	**pod**-chas gdi
white	biały	**bya**-wi
who?	kto?	kto
whole	cały	**tsa**-wi
whose?	czyj *m*, czyja *f*, czyje *n*?	chiy, **chi**-ya, **chi**-ye
why?	dlaczego?	dla-**che**-go
wide	szeroki	she-**ro**-kee
widow	wdowa	**vdo**-va
widower	wdowiec	**vdo**-vyets
wife	żona	**zho**-na
win (to)	wygrywać *impf.*, wygrać *pf.* (wygrywam, -a)	vi-**gri**-vach, **vi**-grach
wind	wiatr	vyatr
window	okno	**ok**-no
wine	wino	**vee**-no
wine list	karta win	**kar**-ta veen

winter	zima	**zee**-ma
wish (to)	chcieć (chcę, -e)	hchech
with	z (+ *instr.*)	z
without	bez (+ *gen.*)	bez
woman	kobieta	ko-**bye**-ta
wool	wełna	**vew**-na
word	słowo	**swo**-vo
worse	gorszy *adj.*, gorzej *adv.*	**gor**-shi, **go**-zhey
worth (to be)	być wart	bich vart
wound	rana	**ra**-na
wrap (to)	owijać *impf.*, owinąć *pf.* (owijam, -a)	o-**vee**-yach, o-**vee**-nonch
wrist	przegub	**pshe**-goob
write (to)	pisać *impf.*, na- *pf.* (piszę, -e)	**pee**-sach
writing paper	papier listowy	**pa**-pyer lees-**to**-vi
wrong	zły, nieprawidłowy	zwi, nye-pra-veed-**wo**-vi

Y		
yacht	jacht	yaht
year	rok	rok
yellow	żółty	**zhoow**-ti

yes	tak	tak
yesterday	wczoraj	**fcho**-ray
you	ty	ti
young	młody	**mwo**-di
your, yours	twój *m*, twoja *f*, twoje *n*	tfooy, **tfo**-ya, **tfo**-ye
youth hostel	schronisko młodzieżowe	shro-**nees**-ko mwo-dge-**zho**-ve

Z

zip	zamek błyskawiczny	**za**-mek bwis-ka-**veech**-ni
zoo	zoo	**zo**-o

Notes

Notes

Notes

Notes